不思議な世界の方々が気づかせてくれた

「わかってほしい」をやめる教科書

松原照子

GENTOSHA

JN164392

はじめに

わかってほしい――。

この言葉の出番は、今まで幾度となく私にもやってきました。

この言葉をかけた相手に、何をどのようにわからせたかったのか、今は思いだすことさえできません。

私たちの口からつい出てしまう「わかってほしい」という言葉こそが、悩みを深める根源だと、ご相談を受けるなかで気づきました。

「わかってほしい」と悩んでおられる方の多いこと。

だれしも、自分の胸の内にある思いを、大切に思う相手から「わかるよ」と言ってもらいたいのでしょう。

自分の思いが伝わらない虚しさが、「わかってほしい」を連発させます。

その言葉は、いつのまにか自分の心をいじめることになっていくのですが、そのことに気づけずにいるのです。

多くの方からご相談を受けているうちに、私は学びました。

「わかってほしい」。この言葉は、その先にある自分の願望をはっきりとさせていないから、出てしまうのだとわかったのです。

この思いに悩まされている方には、「わかってもらえたあと、どうしたいの？どうなりたいの？」と、私はかならず聞くことにしています。すると不思議なことに、ここで考え込む方が実に多いのです。

夫婦、親子、同僚や上司・部下と人間関係はさまざまですが、相手と今後もご縁を続けたいとき、つい出てしまう言葉。それが「わかってほしい」だったのです。

それと、「わかってくれない」「わかってほしい」には、身勝手な思いも隠れています。

そもそも、なぜわかってほしいのでしょうか。それをしっかりと考えれば、自分の嫌な一面、いたらない一面が見えてくることもあります。それよりは、わかってくれない相手のせいにするほうがラクなのです。

「わかってほしい」と思う相手に、何をどのようにわからせたいのか、まずはご自分の考え方を理解しないと、幸せになるためのヒントは得られません。

イライラの原因をだれかのせいにしたくて、「私がイライラするのは、あの人が私のことをわかってくれないから」と、思う人もいるでしょう。

「こんなに大切に思っているのに……」「話せばわかるはずなのに……」と、思う人もいるでしょう。

もしかすると、時代が大きく変わったのかもしれません。

見つめあって語りあうのが当たり前だったのは、もはや昔のこと。今では、心の内を見せずにやりとりができるメールやＬＩＮＥに頼りすぎて、私たちはロボットに近づいてしまいました。

口を開いても、身近な人であればあるほど「いらない」「はいはい」「べつに」などの〝五文字会話〟ですませがちです。

そんなおざなりな会話が一因でもあるのに、「わかってくれない」と、相手を思いやりのない人にしてしまうのは、悲しいことではありませんか？

「わかってほしい」。この言葉をやめると、どれだけ心が楽になることか。

今、あなた様にわかってほしいと思う相手がいるのなら、「どうわかってほしいのか」を自分勝手な答えを出さずに考えてみてください。

わかってもらえた後、その方とどんなおつきあいをしたいのかも、じっくりと考えてほしいのです。


私たちは縁人《えんびと》との出会いに支えられて人生を歩んでいます。生きている以上、さまざまな思いが飛来することでしょう。どのような思いを抱くのも自由ですが、できれば素敵なご縁を育てたいものです。

それゆえに、わかってほしいと思われる前に、その方のことをご自分がどれだけわかっているのかを、まず考えてみられてもよいと思います。

人はだれしも、いつかはこの世とお別れしますが、あの世とやらに到着してから相手の胸の内を知っても、今の役には立ちません。


この本は、「わかってほしい」と思う心を少しでも休憩させて、いつの日かこの言葉が、あなた様の心の内から消えることを願い、私の知恵を総動員して書き上げました。

ご相談を受けるなかで新たに学んだことや、過去に書かせていただいた内容で改めてお伝えしたいこと、そして、小さいころから私を見守り、語りかけてくださる不思議な世界の方々からのアドバイスも詰まっています。

書かれている内容に順番はありませんので、どこからお読みいただいてもけっこうです。お心に触れたところから、読みはじめてください。

きっと、お心の中の雲が晴れていくのを感じていただけると思います。

不思議な世界の方々が気づかせてくれた
「わかってほしい」をやめる教科書 ＊目次

第2章　小さな幸せの育て方

第3章　ご縁が吉報を呼び込む

装幀／石川直美（カメガイ デザイン オフィス）
カバーイラスト／©midoriya21y-Fotolia.com
本文デザイン＋ＤＴＰ／美創
編集協力／細江優子

第１章＊自分を知り、今を生きる

＊「今」は明日への通過点

人生って、終わりがくるその日まで、連続ドラマです。

「今」のドラマはオンエア中で、「過去」の物語は、もうすんだことですが、今を知るための資料にもなります。そして「近未来」は、今までの生き方のなかに、予告編としてチラリと見えている気がします。

ところで、あなた様には、やり直したい過去はありませんか。

私は、過去をふり返ると、やり直したい気持ちが炸裂して「ドヒャー」と言いたくなることがあります。自分のことながら笑ってしまうこともありますが、「あのとき、ああしていたら」と思うことも、ときにはあります。

そんなときは、それまでの過去を「人生ドラマの第何章」と区切ることにしたのです。すると、ずいぶんと心が楽になりました。

「今」という時間は、過去でも未来でもなく、未来への通過点。人生ドラマを区切ってみると、このことがよくわかります。

あなた様の人生ドラマを見直すために、とても簡単な方法をお教えしましょう。紙と筆記用具を用意して、思いだせる過去を書きとめるのです。

まず、紙を五枚ほど用意します。一枚目の紙に線を引き、四つのブロックに分割しましょう。そして、分割した各ブロックの上に「5歳まで」「6～10歳」「11～15歳」「16～20歳」と、五年刻みに年齢を書き入れます。

二枚目の紙も四分割して、「21～25歳」と、続きを書きます。三枚目、四枚目と、今の年齢になるまでくり返します。

できあがったら、各ブロックに、その五年のなかで体験した出来事を記入していきます。たとえば「6～10歳」のブロックには、「小学校の入学式のとき、校門で母と記念写真を撮った」といった出来事を書きます。

書きはじめるまでは、そんなに詳しく思いだせないような気がするかもしれません。でも、不思議なもので、時間をかければかけるほど、当時の出来事がどんどん思いだされてきます。

そして、書いているうちに、今の自分について、ふだんは見過ごしていたようなことが、たくさん見えてきます。

たとえば、自分の考え方の癖や行動のパターンは、このときの出来事が原因だったのだ、という気づきが起こります。

また、辛い出来事があっても、それが貴重な学びになり、今の自分をつくっていると、改めて思うこともあるでしょう。

あなた様は今、自分の過去をどのように思っていますか？

過去のドラマをひととおり確認し終えたら、オンエア中のご自分に戻りましょう。

そして、次なる章の物語を、ワクワクしながらつくってくださいね。

過去は思考の源で、
あなたは今の物語を生きている。
それが未来のあなたをつくっていく。

人生という連続ドラマの主役は、あなた自身です。
名脇役はだれなのか、考えてみませんか。

＊今を生きて勝利する

あなた様は、今日という日をどのように思っていますか？

今日という日は、一生のうちで「今日」しかありません。このことを毎日、きちんと心に置いてお過ごしになるかどうかで、大難を小難にする力が手に入るのだと思います。

「今、生きている」という感覚を持つこと。これも「今日」を感じることと同じです。現代人は、この感覚を忘れやすいため、いざ何かが起きたときに体を固くしてしまい、わが身を守るための行動すらとれなくなっているように思います。

どうか覚えていてください。

大難といえば、地震を思い起こす人が多いと思いますが、グラリと大きく揺れたとき、「私は今、生きている！」と、ご自分のお心に強く、しっかりと言い聞かせていただきたいのです。すると、ご自分の命を守るためには、次にどう動けばいいのかが見えてくるはずです。

「いや、松原さん、それはなかなか難しいことですよ。グラリと揺れると恐怖心だけが先に立って、自分に何かを言い聞かせる余裕なんかありません」

そんな声が聞こえてきそうですが、日頃からご自分に「今、生きている」と言い聞かせ、生きているという感覚を持っていただくと、いざというときに「生きている」という実感が湧き、生きる力も湧きあがります。

私たちは、動物的な感（勘）を生まれながらに持っていますが、悲しいことに現代人は、それを鈍らせたり、眠らせたりしています。でも、「今、生きている！」と強く思うことで、他の動物が自分の命を守るときに発揮する感が私たち人間にも甦《よみがえ》り、恐怖や不安を抑えて冷静な行動がとれると、私には思えるのです。

感をよりよく働かせるための方法が、あとふたつあります。

ひとつは、日頃からご縁のある方々に、笑顔をプレゼントすることです。笑顔はパワーの源です。笑顔を与える人も、もらう人も元気づけて絆をつくり、チャージされたパワーは、いざというときに発揮することができます。

もうひとつ。光があることを喜んでください。私たちは太陽の恩恵を受けて誕生した「光の子」なのですから、光に気持ちを向けてそれに感謝することが、力の源となります。

自然界を見れば、大地震はこれから先もやってくるでしょうし、「観測史上初」の気候に見舞われる回数が、ますます増えていくことでしょう。

でも、「今、生きている」ことを素直に喜び、まわりの方に笑顔を向け、太陽の光に感謝して日々を過ごせば、あなた様の運や生きる力は、間違いなく高まっていきます。いざというときには感が働き、きっとご自分でも考えられない力を発揮することができると、私は信じています。

今、今、今しかありません。
今生きていることがすべての基本。
明日は今がつくっていく。

大難を小難にする大切なコツは、
笑顔と感謝で今日という日を過ごすこと。

＊心の中の会話が人生をつくる

あなた様は、お気づきでしょうか？

私たちは睡眠中や、何かに没頭しているか、ポーッとしているとき以外は、だれに聞かせるでもなく、声に出さない会話を心の中で続けています。その会話が次なる行動を生み、喜びや悩みをつくっていることをご存じですか。

ご自分との会話を大切になさらないと、損をしますよ。

迷いが生じたときや考えに行きづまったときこそ、「よーし、がんばるぞ」くらいは言って自分を励まさないと、だれひとり応援してくれません。

そりゃね。あなた様が自分とどんな会話をするのも自由です。

でも、心の中で自分に語りかけている言葉が、次なるステージへの出発点となることを忘れないでください。文句ばかりが続くと不平不満の多い人生になり、自分を責める会話をしすぎると幸福は遠のきます。

自分に元気がないと思ったときは、「だれかにこんなことを言われると心地よい」と思うことを、自分の心に言ってあげてください。

うぬぼれたって、いいじゃありませんか。

私なんか、鏡に向かって「照子さん、照子さん、べっぴんさん」と言ったり、部屋を掃除したあとには「わが家の家政婦さんは、ピカ一さん」と言ったりしています。

それと、毎日、人には聞かせられない歌手生活も送っています。

だれもがきっと願うであろう幸福に満ちあふれた生活は、自分が自分に語る言葉がつくりだします。これは、人間にしかできない最高の技であることをしっかりと認識してほしいのです。

最近、電車に乗ると、暇つぶしの名人たちがそろい踏みでスマホとにらめっこしていますす。「楽しいのかなぁ」は、私の感想。スマホを見ることが癖にならなければいいのですが……。スマホに熱中しすぎると、心の中の会話が煩雑になり、考える意欲が失われ、自分の考え方すらわかりにくくなる気がして心配なのです。

ほんの少し前までは娯楽も少なく、日常生活には、暇をつぶせるほどの余裕もありませんでした。朝・昼・晩の食事は火をおこすことから始まり、洗濯板でゴシゴシと洗い物をしていたのですからね。

現在は、電子レンジもあれば、コンビニは二十四時間「食堂」です。時代が移り変わりを見せる昨今、私たちの思考もずいぶんと変わったなぁ、とつくづく思ってしまいます。

あなた様は、ご自分の考え方をどれだけ理解できているのでしょう。ご自分の考え方のどの部分に誇れるものがあるのかを、一度じっくりと考えてみてほしいのです。

私が自分を誇れるところは、自分にとって不都合なことが起きたときに「大丈夫、照子さんなら大丈夫」と、勇気づける言葉を持っていることです。

自分が自分に語りかける言葉には魔法が潜んでいて、運気を上げることもできれば、下げてしまうこともあります。

私たちは年を重ねると、自分との会話にも癖ができてしまいます。この話し癖はなかなか直らないと思いますが、一日一善よろしく、ご自分がはつらつと過ごせる「とっておきの言葉」をぜひつくってください。「いい男」でもいいし、「私って優しいなぁ」でもいいし、「歩くのが速い!」でもいいのです。心配事があっても、「がんばります」のひと言で、気合いが変わります。

ご自分の心の内の会話が幸運を呼び込むのですから、心が勘違いするような、自分をいじめる会話は控えめになさってください。

心の中での会話が、次なる人生の脚本をつくっていることをいつも思いだして、ステキな脚本家になってくださいネ。

あなたの人生は、
心の会話がつくる大傑作。
会話が変われば、人生も変わる。

自分の心を運転しているのは自分自身です。
だったら、陽気に鼻歌まじりで運転してみませんか。

✳「生きている」という自覚の尊さ

運気を高めるために、いちばん大事なことをご存じですか。

「今、私は生きている」

これを自覚することから始まります。

この世はすべて、「自分」の存在なくしては語れません。

喜びも悲しみも、どんな思いも、それを味わう人のもの。あなた様が今、生きているからこそ、味わうことができるのです。

あなた様は今、ご自分が何をしているのか自覚なさっていますか。

「自分は○○をしている」という感覚が、運気を高めるのですよ。

私ね。

一日に何度となく「松原照子、○○をします」と言っています。自分が何をしたいのかもわからずに、過ごしたくないからです。

そのおかげで、立ちあがって歩きだしたとき「あれ、何をしようとしていたんだっけ？」ということが少なくなりました（笑）。心もスッキリしています。

このごろ嬉しい出来事が少ないと思っておいでの方は、「今、生きている」ことを喜び、ご自分の名前を言ってから行動されると、やる気が出ます。

今の世の中は、忙しすぎます。ゆったりと時の流れを味わうことを、忘れている気がしてなりません。

文明・文化の発展は、どうやら人間の心まで変化させたようです。

日が昇り、日が沈む。

自然とともに暮らしていたころには、今のように、心を忘れることはなかったと思うのです。

「われに心あり」

このことをもっと自覚なさってください。ご自分の心を味わうのです。

そうすることで、必ず「気」が高まってまいります。

気が高まると、その人の体を前向きなエネルギーが包み、それが周囲に発散されます。すると人々は、その人から「やる気」を感じます。

結婚式に出席すると、部屋いっぱいに喜びが広がっているようで、心が温かくなるのを体験した人は多いことでしょう。

あれは、喜びの気が広がり、人の心に温かさをつくったのだと思います。

未来のことは、だれにもわかりません。

でも、どんな出来事も、「自分が体験しているのだ」と自覚して取り組むと、必ずよい答えにたどりつけます。

人生に、八方ふさがりはありません。

このこともどうかお心にとめ、ご自分の人生のひとコマを味わっていただきたいと思います。

自覚して行動すると、やる気も出るし、生き力《りょく》も全開になる。

どんな出来事も、自分の体験。
そう自覚して取り組むと、
必ずよい答えにたどりつけます。

＊たったひと手間で気分は別世界

ご自分のためだけに使う時間が、一日のうちでどれくらいありますか。

ゴロゴロと寝転ぶ時間も、もちろん自分のための時間です。

食事、睡眠、入浴、トイレ、デート、友との語らいなども、自分のための時間には違いありません。

でも、私が申しあげたい「自分のためだけの時間」は、少し意味が違います。

日々の生活のなかで、自分で自分に手間をかけ、ちゃんとした充実感や満足感を得ているかどうかをお尋ねしたいのです。

自分に秘められた力を引きだすにはね。

自分が心地よく過ごせるように、手間をかけることが肝心なのですよ。

服を脱ぎ散らかしたままにしていませんか？　パジャマのままで一日中過ごしていませんか？

雑然としているのが「イヤだなあ」と思いながら、片づけるのを一日延ばしにしていませんか？　コンビニ弁当の常連さんですか？

そりゃあ私も、コンビニ弁当のお世話になることがあります。でも、そのままチンしていただくことはありません。それでは味気ないんですもの。

まず、お気に入りの器にお弁当の中身を移し替えます。気候がよい日は、ベランダのテーブルを食卓にして、夜ならランプを点《とも》せばお洒落なレストランに早変わり。たったこれだけの手間で、味も気分もワンランクアップします。

ご自分のお心を華やかに、明るくする環境づくりは、本当に大切です。心がリフレッシュできた分だけ、感が冴えていきます。

「快適に過ごすための部屋」をつくりましょうよ。そうするとね、あなた様の心を癒し、ハッピーな出来事を呼び込みますから。

何をしたって自分の時間。
自分のために、何するの？
感が冴えます、ひと手間で。

充実感や満足感は、手間ひまの数で決まります。
「幸福」が降りそそぐ住まいになりますように。

＊好きと嫌いは紙一重

自分のことって、知っているはずなのに意外とわかっていません。

食べ物の好みひとつ取ってもそうです。「食べず嫌い」という言葉があるくらいですから、自分の好みや傾向をわかっていない人は、案外多いのです。

思考も同じこと。今までどおりに考えることが、必ずしもよいわけではないと知りながら、食べず嫌いと同様、チャレンジを後回しにしています。

でも、心の中では、自分の気持ちをきちんと整理して、本当のところを知りたいと思っているはずです。

そこで提案です。

一度、これからお教えすることにチャレンジしてみてください。

ご自分の新たな部分をきっと見つけられ、ご自分のことを理解できるようになると思います。

何でもかまいませんので、紙を五枚、用意してください。

一枚目には、自分の顔・姿・表情を思い浮かべながら、自分の名前を五回以上、書きましょう。

二枚目には、自分の好きなところを書きます。

三枚目には、自分の嫌いなところを書きます。

四枚目には、現在、大切（好き）だと思う人の名前を。

五枚目には、現在、好きになれない（嫌いな）人の名前を。

では、書きあげた紙を見てみましょう。

まず、二枚目に書いた「自分の好きなところ」と、四枚目の「大切だと思う人」を見て、自分と相手との共通点と、相手にあって自分にはないところを見つけてください。

次に、三枚目の「自分の嫌いなところ」と、五枚目の「好きになれない人」を見て、相手と自分の共通点と、相手に対する苦手意識がなぜ生まれたかを考えてください。

何人かのお子様がいる方が、自分が書いた四枚目を見てハッとしたそうです。わが子にも、「好き」の順位があることに気づいたからです。

ご主人の名前が、四枚目の「好きな人」にも、五枚目の「好きになれない人」にも入っていない人という人がいました。ちょっとビックリです。

そしてネ。

五枚目の「好きになれない人」の嫌いな部分が、三枚目の「自分の嫌いなところ」とよく似ていることに気づく人の多いこと。

このことから見ても、好き嫌いという気持ちは紙一重なのかもしれません。

さてさて、あなた様の答えはいかがでしたか？

自分の好きなところ、嫌いなところ。
好きな人、好きになれない人。
書きだすことで
自分がわかりはじめる。

自分の心の中を探検しましょう。
意外な発見に驚く瞬間も、また楽しいものです。

＊本当のあなたは、どんな人？

あなた様は、ひとさまの前での自分と、心の中にある自分が同じ姿ですか？

私は、どなたかとお会いするたびに、ついサービス精神を発揮して、陽気でおしゃべりな人になってしまいます。

でも、ひとりでいるときは、好きな音楽を聴きながら原稿を書いたり、手芸をしたり、ほかには料理に花々の世話、掃除も大好きです。ご相談をお受けする日以外は、家の中で、自分の楽しみを探しながら暮らしています。

そんなふうにひとりで過ごす時間がずっと続いても、だれかとおしゃべりをしたいとか、寂しいとかは、ほとんど思いません。

だからといって、人間嫌いなのではありません。ひとりでいるのが好きなだけです。静かな時の流れを味わうのが大好きなのです。

私と会ってくださった方は、私のことを「静かな時間を好む人」だとは思いません。「行動力があり、何事もテキパキとやってのける、おしゃべり好きな関西のおばちゃん」と思う方が多いのです。

ご相談をお受けするようになってから、たくさんのことに気づかせていただきました。そのなかでも驚いたのは、ひとさまの目に映った自分と、本来の自分との違いに、心を痛める方が多いことでした。自分の本当の姿をわかってもらえぬもどかしさに、多くの人が悩んでいるのです。

でもね。そりゃ、だれも気づきませんよ。

会っているときのあなた様が、相手にとってはすべてなのですから。

知りあって間もないころは、たぶん何とも思わなかったことでしょう。ところが、親しくなればなるほど、本来の自分をわかってほしいと思うようになり、不満を募らせることになるのです。

私たちは家族であれ、ひとさまであれ、自分がどんな対応をしているかに、意外と気づいていません。でも、自分以外の人から見た自分と、本当の自分との違いを感じはじめると、だんだんと心が疲れてきます。

寂しがり屋なのに、それを隠すかのようにふるまう人。

気が小さいのに、大きく見せようとする人。

気を使うことが嫌いなのに、ひとさまの前では気を使いすぎて、人とのつきあいが億劫《おっくう》になる人もいます。

すべて、ご自分がひとさまに見せた態度なのです。だからまず、自分が本来はどんな人間なのかを知っておけば、心が混乱しなくてすみます。

私などは、おしゃべり好きな人間だと思われがちですが、人から見た印象も私そのものだと思ってみたら、人の目を気にすることが少なくなりました。

もともと自分の行いが招いたことなのに、私たちはつい、それを忘れてしまうのかもしれませんね。

ひとさまの前での自分と
ひとりのときの自分。
違いがあっても、どちらもあなた。

ひとさまの目に映るあなたも、
あなた自身の一面です。
そう思うと、人の目を気にしなくてすみますよ。

✳「わかってほしい」と言う前に

「どうしてわかってくれないの？」

ドラマを見ていると、こんな台詞《せりふ》がときどき出てきます。

日常生活でも、ちょっとした行き違いが起こったときに、心の中でつぶやきがちな言葉かもしれません。

でも、「わかってほしい」とは、いったい何をわかってほしいのでしょう。

ご自分の何を、どのようにわかってほしいのか、あなた自身がわからないのだとしたら、お相手にわかるはずがありません。

人間って、本当に不思議な生き物です。

自分の心の内がはっきりしていないのに、ひとさまにはわかってほしいと思うのですからね。

「あの人のこと、嫌いなんです」

おやおや。私には「わかってほしい」と聞こえてしまいました。

なぜって、嫌いという気持ちの根っこにあるのは、「わかってくれない」「わかってほしい」なんですもの。

きっとね。その方とは、ご縁が深いのです。

だって、その方をご自分の心の中に住まわせているのですから。

「嫌い」「苦手」「わかってくれない」「理解できない」と考えるたびに、その方のことを思い浮かべているのでしょう？　それは、心に住まわせているということですよ。

ところで、その方は職場の方ですか？　それとも同級生ですか？

プライベートなおつきあいなら、「嫌い」「苦手」と思ったときには、自然と距離が開いていくかもしれません。

でも、たとえば同じ職場の方で、これからも顔を合わせることがわかっている相手なら、仲よくなる努力をしてみてはどうですか。

まずは笑顔でご挨拶。これくらいは、できますよネ。

そして、「わかってほしい」と思う場面がきたら、「どのようなことをどうわかってほしいのか」をご自分で確認してからお話しください。そうすると、気持ちを伝える成功率が上がります。

そういえば、私の身近に、「どうしようもないくらい苦手な人」に宛てて、長い手紙を書いた人がいます。「わかってほしい」とはいっさい言わず、ひたすら相手を評価し、感謝の言葉を述べた手紙を、何時間もかけて書いたそうです。

結果は大成功。

相手の方は、かなり驚かれたようですが、お互いの間にあったわだかまりのようなものは、すっかりなくなったと聞きました。

ときには、それくらいの勇気を出せるといいのですが。

ひとりで答えを出さないで。
相手も「わかってほしい」と
訴えているのだから。

わかりあいたいのにわかりあえないのは、
「わかってほしい」が先に出るからでは
ありませんか？

＊たった一秒で運気が変わる

「なんだか最近、うまく波に乗れていないなあ」と感じることは、どなたにもあると思います。「うまく波に乗れない」という感覚を持ったまま行動すると、生活のリズムがますます乱れ、感も働きにくくなります。

そんなとき、すぐにできる対処法がありますので、いくつかお教えします。

自宅を出るとき、最初の一歩を自覚して、ご自分の名前を言ってから出発してください。左右どちらの足から出るか、ほとんどの人は決まっています。その一歩目を自覚して家を出ることが、感の働きを助けます。これは、道を歩いているときにもできます。いったん両足をそろえ、次の一歩に気合いを込めると、気分が変わり、感が力強くなります。

日々の行動は、習慣化しているものが大半です。でも、あまりにも習慣が先行すると、心のどこかで新鮮なリズムがほしくなり、生活のリズムを乱して、いつもとは違う刺激を得ようとするのです。

また、何かの用事があって外出するとき、なんとなく出かけたくないと感じることはありませんか。そんなときは、目的地に向かう道中で、両手を一度組み、両足をそろえてから歩きだすと、外出先で楽しいことを呼び込めます。

自分はリズムよく行動しているのに、事故で電車が遅れたり、相手が遅刻して気を散らされたときは「運をもらった」と思ってください。人生の歯車は、自分だけでは円滑に動きません。相手があるときは、とくにそうです。イライラしても、「運をもらった」と、心の中で力強く言ってください。

トイレも、自然の呼び声に応じて行くばかりが能ではありません。

私など、会社に勤めていたころは心を休めるのに利用していましたし、原稿を執筆中、今ひとつ思いが書けないときもトイレに行きます。

はじめの一歩を整えれば、
時の女神から幸せが届く。
気分一新、感も上々。

一秒後に、何が起きるかはわかりません。
ご自分の感を信じて、
両足をそろえてリズムよく再出発してください。

✳ 先の心配は「今」を生きていない証拠

何度でも申しあげたいのですが、私たちは、今を生きています。過去や未来に心をさまよわせると、今このときに必要な感が鈍ってしまいます。

だから、心を「今」という時間に合わせてください。

「また、同じことをやってしまったらどうしよう」

過去の失敗にとらわれてしまうと、心の中に、こんな会話が現れます。

これは、未来に同じ事態を招きやすくする会話です。

私たちのよい思いも、悪い思いも、物事を引き寄せる力がとても強いのです。

「こうなったらどうしよう」と暗いことを考えてばかりいると、感が当たったかのように、それが実現するものです。反対に、「こうしよう！」とワクワクするような思いで心を満たせば、嬉しいことが引き寄せられます。

そうはいっても、ご自分のことならともかく、大切なお子様のこととなると、簡単に気持ちが切り替えられないのかもしれません。

「うちの子は、ちゃんと結婚して、子供を授かるでしょうか」

そんなふうに、お子様の未来を心配なさる親御さんが、けっこう多いのです。結婚しない人が増えていますから、つい心配になるのかもしれません。でも、お子様がまだ中学生なのにご相談にこられる方もいて、ちょっと驚いてしまいます。

そこで、全国のお父様、お母様にお願いしたいのです。

先のことを心配するより、今を大切にしてお子様と向きあい、親として何をすればよいかを考えると、お子様の将来が輝きます。どんなことであれ、先の心配はパワーを削りますから、気をつけてください。

ご自分のお子様ですもの。信じてあげなくてどうするのですか。ご両親の信頼と愛情こそが、お子様にとっては何よりの助けとなるはずです。

心配事は不都合を引き寄せ、
信頼はやる気を引き寄せる。
私たちには、
そんな力も与えられている。

何ひとつ未来に不安を持たなくてもいいの。
今、自分にできることをやるだけで十分です。

第2章＊小さな幸せの育て方

＊平凡がいちばんの幸福

幸福というのは、物に恵まれていることでも、容姿や頭脳が優れていることでもありません。幸福だと思える人に、幸福があるのです。

傍目《はため》には「恵まれた人だなあ」と見える人でも、その人が不満を持ち、「不幸だ」と思って暮らしているのなら、その人が「私は幸福だ」と思える日まで、幸福は訪れません。

幸福には、形がありません。どう感謝するか、どう喜ぶかです。

私自身、人生をふり返りますと、「なぜ私には不幸ばかりが続くのだろう」と生きる気力を失いかけたときには、どんなにすばらしい出来事も、楽しい出会いも、喜ぶことができませんでした。自分は不幸だと思い込んでいたからです。

そのときの私は、暗く、近寄りにくい表情をしていたと思います。人はだれでも、明るい表情の人のところに集まりたがります。どんなに笑顔を繕っても、心の底から明るくなければ、人にはわかってしまいます。

そう考えますと、人間は、決して言葉だけで自分の心を表現しているのではないことがわかります。心が顔に表れ、態度に出るのです。

「私は運が悪い」と思っている人は、おそらく自分を不幸な人間だと思い込んでいるはずです。すると、表情が精彩を失っていき、人から語りかけてもらえなくなり、運がますます下がっていきます。

私に現在、不幸なことは起きていません。だからといって、これが幸せだと飛び跳ねたくなるようなことも起きていません。

本当のところ、この平凡な感じが幸福であり、至福の時だと思えるのです。

育てた花々が見事に開き、お気に入りのメロディーが、音符マークと一緒に散歩をしているかのように漂う私の部屋。

思い出多き品々と、体を心地よく包む衣類が私のためだけに存在し、ともに暮らしています。この環境のなかで、何が不幸だと言えるのでしょう。

病に苦しんでいる方もいます。別れで心を凍らせている方もいます。どうすればよいのか、わからなくなっている方もいます。

がんばろうとしても、がんばり方などわからなくて、「なぜ自分だけがこのような目にあうのだろうか」と思うこともあるでしょう。

そんなときは、相田みつをさんではありませんが、「人間だもの」とつぶやいてみてはどうでしょう。「今はこれで、まあ、いいか」と、自分に言ってみるのもおすすめです。そうすれば、思い悩んでいる自分を少し離れたところから見ることができて、気持ちが落ちついてくるはずです。

どのようなことも、「不幸」と受けとめると前途多難に思えてきます。でも、どんなときでも、どこにでも、幸せの種は落ちています。小さな種かもしれませんが、あなた様が気づいてくれるのを待っているのです。

幸せの小さな種は、
どこにでも落ちている。
見つけてもらえるのを待っている。

ささやかな幸せこそ、本当の幸せ。
苦悩の日々のなかでも、幸せの種は見つかります。

＊心に「休暇願い」を出す

私たちの心から、悩み事が完全に姿を消す日が来ると思われますか？

悩み事は、自分にとって不都合なことや願望が、心を独占することから生まれます。悩みを克服すれば成長もでき、生きていくうえで必要なもののようにも思いますが、悩みがなくなればハッピーになれることは確かです。

悩み事が人間のように「休暇願い」を取りつづけてくれれば幸いなのですが、私のところにも、ときおり考えさせられるような出来事がやってきます。

そういえば、お釈迦様やイエス様をはじめ、偉大なる教えを残された方々も悩みを体験されたのですよね。

ところで、悩みから解放されたら、私たち人間ってどうなるのでしょうか。

野生動物のように、ひたすら生きるだけの日々が待っているような気がします。百獣の王ライオンも、空腹になれば狩りをし、満腹になれば静かに過ごすのみ。とはいえ、大自然のなかで生きる厳しさは、人間よりわかっていると思います。

私たち人間は、知恵を授かったため、他の生物とは生活の仕方がずいぶんと違います。考え方も、時代と共に変化しているような気がしますが、根本はそれほど進歩していないというのが私の感想です。

いつ訪れるかわからない悩み事。「これだ！」といえる解決方法はないのかもしれませんが、悩みを軽減する方法ならば、ふたつお伝えできます。

ひとつは、自分の心に「休暇願い」を出す方法です。

悩み事はなかなかの強敵で、四六時中、心を掻き乱します。無策で戦いを挑んでも、勝ち目はありません。そこで「休暇願い」です。

悩んでいるときは、同じことばかりを自分の心に語りかけるために、心は満タン状態で、悲鳴を上げて救いを求めます。

それに応えるのが「休暇願い」なる方法です。

悩みがある方は、朝でも昼でも夜中でも、悩みはじめたそのときに「三日間の休暇願いを出します」と、声に出して宣言してください。ご自分を救うために声を出してハッキリと宣言すると、心は少し元気を取り戻します。

悩みが深ければ深いほど、同じ思いに襲われますが、治癒力を高めるためにも「悩みは休暇中」と、声を出してご自分に話しかけてください。

私の経験では、三日過ぎても悩みから抜けきれないときは、また三日継続すると心の整理ができ、解決の出口が見えてきたりしました。

もうひとつの方法は「分身体」に悩みを預ける方法です。まずは、自分が語りかけやすい品物を選び、それを自分の身代わりの「分身体」として、声を出して胸の内を話します。その声が耳から入ると、自分の悩み事とは違う感覚で感じ取れ、意外と早く自分の本音を理解でき、答えが見つけられるのです。

「休暇願い」と「分身体」は、悩みのある方に、ぜひやってもらいたい方法です。

心だって休みたい。
そんなときには「休暇願い」。
まずは三日間、申請してみる。

「休暇願い」も「分身体」も、気休めではありません。
やってみると、
答えがピカッとやってくるから不思議です。

＊激怒・愚痴・心配は「趣味」

　どうにもこうにも腹が立つことってありますよね。

　私も人の子。カチンときて、腹を立てたまま対応した結果、聞き違いをしたり、売り言葉に買い言葉になったりして、あとから反省させられたことも多々あります。

　そもそも、腹を立てるのには理由があります。少々のことではご縁が切れないと知っていて、「その話は聞きたくない」が先に立ち、「うるさい」の怒鳴り声で威嚇して、上下関係を見せつける人もいれば、無視をすることで「うるさい」気持ちを表す人もいます。暴言を吐かれて堪忍袋の緒が切れ、感情を爆発させることもあるでしょうし、自分の思いどおりにしてくれないというだけで、大声を出す人もいます。

ほとんどの場合、そのときの心のありようが、腹立ちの原因をつくっていることがわかります。人というのは、寛容になったり心を閉ざしたりと、気分しだいで変化する生き物のようにも思いますし、同じことを言われても、許せる相手と許せない相手ができたりと、自分勝手なところがあります。

激怒して、だれかが得することはありません。激怒した人、された人だけでなく、その場に居あわせた人の運気にも傷がつきます。

気の短い人は、やっぱり損をしています。でも、腹立ちの癖は、なかなか直らないようです。

そこで試してほしいことがあります。腹を立てたあと、すぐにご自分の顔を鏡で見てください。鬼の形相にびっくりされると思います。

激怒したときの自分の顔を一度も想像しないまま過ごすと、ますます恐ろしい顔をだれかに向けることが多くなると思います。激怒したあと、必ず鏡を見る習慣をつけられると、腹立ちの回数がかなり減ると思います。

愚痴も、癖になりやすいことのひとつです。

愚痴を言ったからって、スッキリしている人などいませんよね。

だからね。

愚痴を言いたくなったら、「私は愚痴が好き、大好きな趣味なのだ」と自覚されると、愚痴を卒業しやすくなります。

それともうひとつ。先のことばかり心配する人も、愚痴を言いすぎる人と同じように、「趣味」の時間を楽しんでいると私は思います。

腹を立てる人も、それが「趣味」になっているのですから、ご自分の心を傷つけない程度に収めましょうよ。

激怒・愚痴・心配は、癖になりますから、どうか気をつけてください。

愚痴に腹立ち、先の心配。
わかっちゃいるけど、やめられない。
いっそ「趣味です！」と宣言を。

自覚しながら続けていると、意外に早く、
「もう切りあげよう」という気持ちになれます。

＊「でもなぁ病」はツキをなくす

もしも「最近すごくツイてる！」と感じているのならば、今のご自分の「気」の高まりを忘れないでくださいね。

気の高まりは、心が高揚している証です。少々のことでは気持ちが負けないと、わかっているからだと思います。ツイていると思えるときは、秘めた力を発揮できるものです。そのことを喜んでください。

だれが見てもツイていると思わせる人には、共通点があります。目には見えませんが、体中から勢いがほとばしっているのを感じますし、自信に満ちあふれているようにも見え、羨望の目が注がれたりもします。

ところが、ツキというのは不変・不動ではありません。どんなに気を引き締めていても、ツキに逃げられる日がやってきます。すると、ああでもない、こうでもないと考えすぎて、ツキは消えゆく泡沫《ほうまつ》の如《ごと》し、ということになります。

ツキに見放されたと思っている人も同様です。生活のリズムと思考のリズムが乱れてしまい、しょんぼりとした雰囲気をバラまくため、人が近づきにくくなります。ここまでくると、さすがに本人も「何とかしなくては」と思い、さまざまな打開策を模索します。でも、考えに考えて答えを出しても「でもなぁ」と言ってはくつがえし、悶々とする時間ばかりを過ごすのです。

「でもなぁ」というつぶやきは、ツキに逃げられる最大の悪習慣です。

「でもなぁ病」を治す方法は「でもなぁ」と言いたくなったときに、「こうしてみたい」「ああなりたい」と考えることです。それがツキを呼び込む近道です。

自分が出した答えが現実になるか・ならないかは、どうでもいいのです。

「こうしてみたい」と思えば勇気が湧き、「ああなりたい」という思いには志がありま す。これが「でもなぁ病」を治します。

「でもなぁ病」が出たときは、
ルンルン気分を思いだし、
にっこり笑って出直そう。

前向きな言葉が心を明るくします。
「こうしてみたい！」と、
自分自身に夢を語りましょう。

＊いい人って、どんな人？

「結婚したいのですが、いい人と出会えますか」

「何かいいことないかなぁ」

「いい人になりたい」

このように、私たちはよく「いい」という言葉を使います。

ところが、どんな人が「いい人」なのか、どんなことが「いいこと」なのか、ハッキリしていない人が多いことに驚いてしまいます。

「いい人」も「いいこと」も、イメージをハッキリさせたほうがスッキリしますし、自分の目的や幸福になるポイントが見えてくると、私は思っています。

「いい人と出会いたい」「いい人になりたい」という曖昧な思いが、ときに自分の心を曇らせる原因になっていることに気づいてほしいのです。

職場や学校、親戚や家族。

私たちは、さまざまな場面でご縁を持ち、人生を歩むのですから、自分に都合のいい人ばかりとは出会えません。とくに職場でのいい人探しは、人生を大きく変化させることが含まれているので、気をつけてください。

私も六十四歳まで勤め人をしていましたので、職場での人間関係の難しさはわかっています。

だからね。

私の体験から編みだしたことをお伝えしたいのです。

仕事とは、お給料をいただくための手段で、ご自身の暮らしを支える重要なものです。そして職場とは、仕事をする場所であって、人間関係のための場所ではないのです。このことをまずはしっかりと認識することが、未来を明るくするきっかけになります。

自分が好かれているか、嫌われているか。

このことを意識しすぎると、思考だけではなく言動までもが不自然になり、その相手とギクシャクした関係になってしまいます。

そんなときに私がしたことは、苦手な相手への、笑顔の挨拶です。

「嫌われているな」と思ったら、その人を狙い撃ちして、毎日ニコニコと挨拶をしました。面白いもので、笑顔で挨拶されることが続くと、それに応えていない自分が悪い人間に思えるのか、私のことを嫌いだった人も少しずつですが態度が変わっていき、一か月が経つころには、ずいぶんと変わりました。

苦手だと思う人や「嫌われているな」と思う人がいるなら、笑顔の挨拶を続けて、相手の変化を見ることを楽しみにしてはいかがですか。

苦手な人やこちらを嫌う人というのは、じつはご縁がある人です。だって、お互いが気になって仕方がないのですから。打ち解ければ、意外と気が合うかもしれません。

だれも気にしていないのに、
あれこれ考え、ひとり相撲。
もしかしたら、お暇なのですか？

どんなおつきあいをしたいのかなぁ。
まずはニッコリご挨拶。

＊どんな仕事も天職になる

私は「消しゴムさん」に、「あなたは魔法使いなの？」と、よくお話しかけをしています。

こうして原稿用紙を埋めているとき、私の手もとには、出番を待つ消しゴムさんがいるのです。彼は、私が使えば使うほど小さくなっていくのに、愚痴も言わず、自分の仕事を黙々とこなしています。

消しゴムさんが魔法使いのように思えるのは、それは見事に私の書いた字を消してくれて、やる気までくれるからです。

「ごめんね。使うのが私じゃなければ、もう少し一緒にいられたのに」

そうお話しかけをすると、「仕事ですから」と言われた気がしました。

自分に与えられた課題を淡々とこなすことが今世での仕事なのだと、消しゴムさんが教えてくれたのかもしれません。

「どんな仕事が自分に合っているのかなぁ」

こんなことを考えても、答えはわからないものです。

仕事そのものは面白くても、人間関係がうまくいかず、職場に行きたくなくなることだってあります。

やりたい仕事があっても、それで食べていけるとはかぎりません。仕事にも職場にも慣れてしまうと、「私の人生、これでいいのだろうか」なんていう思いにかられたりもします。

本当は、働ける場があるだけで幸福なのですが。

でも、わかるなぁ。「今とは違う人生」を考えたくなる気持ちも。

「仕事」と書けばたったの二文字ですが、いろいろな面がありすぎて、どんな仕事がいちばん自分に合っているかという答えなんか出せません。

だからね。とりあえず今日は、目の前にある仕事をきちんとやりとげてみませんか。それからです！　ご自分の仕事を見直すのは。

私ね。「この仕事をするために生まれてきた」という意味での天職は「ない」と思っています。

じゃあ、どんな天職があるのかといえば、瞬間の天職です。

仕事をしていると「楽しい」と思えたり、時間が経つのを忘れて打ち込む瞬間がありますよネ。

天職って、そんなふうに喜びを見つけた瞬間のことだと思うの。

好きなことを仕事にできる人なんて、そんなにいやしません。みんな、生計を立てるために働いているのです。

誠意を持って仕事に取り組むあなた様を、神様はちゃんと見ています。

ご自分の暮らしを守るために働き、喜びを感じるとき、「それが天職ですよ」と、語りかけています。

いやいや働くと失敗するよ。
熱中、熱中、フル回転。
やってきました、天職が。

仕事に上下はありません。
「やりがい」探しをするよりも、
今この瞬間の働く喜びを感じるほうが、
天職に早く近づけます。

＊心の居場所

ショパンのピアノ曲が流れています。

いれたてのコーヒーが、今日もおいしい。

机の上では、原稿用紙と鉛筆がスタンバイ。

私の朝は、お決まりのコースで始まります。

あなた様は、心のよりどころをどれだけ持っておられますか？

心のよりどころとなってくれるのは、ご家族や恋人、友人だけではありません。

あなた様のお気に入りの品々も、あなた様から選ばれ、愛されて、おそばにいるのです。

そうした品物に愛着が湧くのはなぜだと思いますか？「お気に入りだから」

というだけではないと思うのです。その品物にご主人様が目を向けたときの思いが伝わり、品物自体が生きがいを感じた結果、ご主人様に愛される品になったのだと思います。

「ご縁」は、人と品物との間にもあるのです。

あなた様は、スマホだけを特別扱いにしていませんか。

添い寝をさせたり、風呂場もご一緒、なあんてね。体の一部になっている人の多いこと。どうかスマホ同様に、お気に入りの品々にも「出会えてよかった」と言ってあげてください。喜びますから。

あなた様とご縁を持てた品々は、いつも活躍できる出番を待っているのですよ。だから、お気に入りの品々に活躍をしてもらわないと、損をします。

机のすぐそばに、お気に入りの品々を置いておくのもおすすめです。仕事や勉強、読書などで机に向かう前には、お気に入りの品々に、まずはご挨拶をなさってから作業をスタートすると、ひらめきの応援や、もっと楽しめる気を送り込んでくれたりもしますからね。

もちろん、寝室、玄関、台所、トイレなどに置いてあるお気に入りの品々にもご挨拶を忘れずに。

あなた様が愛しいと思われた気がお気に入りの品々に伝わり、大難が小難になるように見守ってくれたり、心の居場所を演出したりと、活躍してくれます。

それでもやる気がなくなったり、理由もなくイライラしたりするときは、次の方法が最強です。やり方は簡単です。時間もかかりません。

まずは背すじを伸ばします。頭のてっぺんが真上から引っ張られ、尾てい骨が真下から引っ張られるとイメージしながら姿勢を決めて、斜め下に視線を落とし、心の中で一から三までをゆっくりと数えます。

「一、二、三、一、二、三……」と、くり返し数えているうちに邪念やイライラが消え、平常心が戻ってくるから不思議です。

毎日生きていれば、いろいろな出来事が起こります。心に傷を負い、怒りや悲しみにとらわれることもあるでしょう。

その状態を放っておいてはいけません。あなた様の心は、回復したがっているのですから。ケガをした体が、自然治癒力を使って元に戻ろうとするように、心も本来の穏やかさを取り戻そうとがんばっています。

ムシャクシャしたときに、お酒を飲んでストレスを発散しようとする方もいらっしゃいますが、心の中で「一、二、三……」と数えるほうが、時間もお金もかかりません。第一、お酒をいただくなら、気分のよいときに、おいしくいただきたいじゃありませんか。

あなた様のお心にも、ちゃんと回復力が備わっていることを、どうか覚えておいてください。そして、何かあったときには「一、二、三……」と、お心の手当てをしましょうよ。

この「一、二、三」をなさったあとに、お気に入りの品々に目をやると、いつもより心の居場所をつくってくれていますからね。

お気に入りの品々が
心の居場所をつくる。
「一、二、三」「一、二、三」で
がんばって。

自分の心って、自由で開放的なように思えても、
自分で心を縛ってしまうことがあります。
人間って、天《あま》の邪鬼《じゃく》なのですね。

第3章＊ご縁が吉報を呼び込む

＊見返りを求めぬ「お役立ち」

人生をふり返ると、赤面するような場面の多いこと。

失敗談の数なら、それはもう、だれにも負けないくらいあります。

私の今までの行いが、どなたかに喜んでいただけたかどうかはわかりません。

それよりも、助けていただいたことのほうが、はるかに多いのです。

生まれることとは、死すること。

でも、そのときが来るまで、ほんの少しでもいいから「お役立ち」がしたいと願っています。

人間って、だれかの役に立ちたいと思う生き物なんですね。

その証拠に、どなたかのお役に立つことができたときは、「嬉しい」「生まれてきてよかった」という思いが湧きあがります。

「お役立ち」は、ひとさまに喜んでいただけるだけでなく、自分自身が生きていく力にもなるのですね。

お役立ちをしたいという気持ちがありながらも、私たちは、地球という星で暮らしていることをどうも忘れている気がするのです。この地球が私たちの親であり、最高級のお役立ちを見せてくれていることに気づいていないのです。

それと、この星の生き物に分け隔てなく恵みを与える太陽は、大きな愛と光で地球を丸ごと包んでくれる、神様のような存在です。

私たち現代人は、自分の心とだけ向きあいすぎて、太陽や地球が命を守ってくれる神様だということをどこかに置き去りにしています。

太陽や地球に一度くらいは「ありがたい」と思わないと、その恵みをいただいている者としては、申し訳が立ちません。

それからです。だれかの「お役立ち」に目覚めるのは。

「お役立ち」と改めて申しあげてみますと、特別で難しいことのように思えるかもしれませんが、そうではありません。親が赤子のおむつを換えるという当たり前の行為も赤子へのお役立ちなら、認知症を患った親御さんの世話をするのもお役立ちです。

ただ、お役立ちの行為にどれだけの愛が含まれているかがポイントです。公衆トイレでも、次に使う人への配慮ができたのであれば、お役立ちができたと私は思います。

私は、細かいところまで気がつかず、食事会のときには、つい自分の食べたいものを食べるのに集中してしまうこともありますが、笑顔で場を和ませるというお役立ちだけはいつも心がけています。

ひとさまへのお役立ちは、特別な行為ではありません。

そりゃあ、よかれと思ってしたことが裏目に出るときもありますが、親切心からしたことならご自分を責めすぎず、親切心をなくさずにチャレンジを続けてほしいと思います。

お役立ちは、ひとさまを思いやる気持ちの表れです。どんな場面でも遠慮することなく、素直な思いを行動で見せてあげてください。

思いやる気持ちが自然に身につくと、人から与えられる思いやりも増えてきて、信頼の輪が広がると思います。

自分から発信する「お役立ち」は、「思いやる」ことがスタートですし、どなたかの心を楽チンにできただけでも、素敵だと思います。

あなたの心が寄り添うだけで、
相手の心が和みます。
思いやる気持ちが「お役立ち」。

相手にわかってもらわなくてもいいでしょう?
相手のことを思いやることができただけで素敵です。

＊五文字会話で満足ですか

ご家族との会話を楽しんでいますか？
明日も明後日も顔を合わせるからと、話す言葉を最小限にしていませんか？
日本語って、便利です。
その気になれば、五文字以内で会話ができるのですから。
「いる」「いらない」、「食べる」「食べない」。
「うるさい」で四文字、「うん」は二文字、「どこ行くの」と五文字で聞けば、
「ちょっと」と四文字の答えが返ってきます。
メシ・フロ・ネル、なんていうのもありますね。
私はこれを「五文字会話」と名づけています。

家族だから、多くを語らなくてもわかってくれると心のどこか思っているから、家にいるときは五文字会話ですませがちなのかもしれませんが、言われたほうは、心が凍ります。

今どきのロボットだって、もっと心のこもった会話ができますもの。

それに、人間なんて勝手なもので、自分が五文字会話をしていることは棚に上げて、家族からは優しくされたい、かまわれたいと思ったりします。

こんなことを書いている私も、ひとさまのことは言えません。いけないなあ、と思うのですが、つい言葉が短くなったり、ぶっきらぼうな態度を取ったりすることがあります。わが娘に、この場を借りて「ごめんなさい」。

さてさて、私と同じような反省をなさっている方は、次なることをご一緒にしてみませんか？

まず、ご家族に対してしっかりと気持ちを向ける時間を一日のなかで一分以上つくりましょうよ。

たった一分です。

三分と言いますとね、歌謡曲を一曲歌える時間です。

「行ってきます」で六文字、「ただいま」は四文字、「お帰り」も四文字。

今までご家族に「行ってきます」も「ただいま」も言っていない人は、これだけで十文字増えます。この言葉に相手の名前をプラスすると、もっと言葉の量が増え、家族の心が和みます。もちろん職場でも、ご挨拶の言葉を増やすと、仲よく働けると思いますよ。だって、「〇〇さん、おはよう」と名前をつけて挨拶されたら、朝から気持ちがいいではありませんか。

家庭は会話しだいで娯楽の場になるし、家族は心を通いあわせる同志にもなり、もっと助けあうこともできて、すばらしい住みかになります。

人と話すことが苦手だと言う人がいますが、苦手ではなく、人と話すのが「邪魔くさい」のかもしれません。弁の立つ人はそんなに多くいませんし、おしゃべりな人だから話の内容が楽しいとも決まっていませんもの。

日頃から、ご自分の気持ちを「素直に伝えたい」と思っていないと、自分らしさがひとさまに見せられなくなります。

だからといって、無理に話の中に入ろうとしなくてもよいのです。ただ、五文字会話ですませることはやめていただきたいと思います。

言葉は人間の特権です。

「ありがとう」「ご苦労さま」「がんばってるね」、こんな言葉を言われると嬉しくなりますが、この言葉の前に「いつも」をプラスするだけで、言葉が輝きはじめます。「いつもありがとう」なあんてね。あなた様がだれかに言われたい言葉は、だれもが言われたい言葉です。

「大好き」「愛してる」、こんな言葉を待つ前に、ご自分から家族や恋人に言ってみてはいかがでしょうか。きっと、よいことが起きますからね。

話せる相手がいるだけで、幸せなのだと気づこうよ。

「いつもご苦労さま」「大好き」「愛してる」自分がほしい言葉を相手にかけてください。

＊苦手な人ほどご縁が深い

地球には、七十六億人もの人が住んでいます。

その数にくらべれば、この世でお会いできる人や、お話のできる人って、本当に少ないことがわかります。

だからね。苦手な人ほど、深いご縁があって会えた人なのです。

そうそう、「嫌いな人」という言葉は、あまり使わないほうがよいと思っています。「苦手な人」にとどめておくと、いつか、仲よくなれる日が来るかもしれません。

ところで、あなた様には「苦手な人」が何人いますか？

私も昔々、「ちょっと苦手だな」と思う人がいました。

でも、あるときその人のくれたアドバイスが、当時の私にはぴったりで、目からウロコが落ちる思いをしたことがございます。

「苦手な人」って、とても不思議な存在ですね。

そういう人が身近にいると、気になって、気になって仕方がなくなり、そのあげく、ほかの人よりその人のことを意識するようになります。

一方、心の中ではその人との距離をう〜んと広げてしまい、仲よくするための方法を考えることもなければ、歩み寄ろうとも思いません。

でもね。苦手な人というのは、間違いなく学びの相手です。

試しに、その人のどこが苦手なのか、ご自分の心をじっくりと観察してみてください。意外に面白い体験ができますよ。

ひとつヒントを申しあげましょう。

多くの場合、苦手だと思う相手は、自分にもあるイヤな部分を持っています。

それを見せつけられるのが辛いから、「嫌い」という感情で拒絶して、見なくてもすむようにしてしまうのだと思います。

それからね。「自分のことをいつも思いやってくれる、大好きな人」のアドバイスは、意外に効き目がありません。優しくて耳触りがよいだけに、本当のことが見えにくい言葉が多いものです。

あなた様を傷つけたくないとの思いから、その人が曖昧な言い方をしてしまうこともあるでしょう。すると、あなた様のほうも、気にとめることなく聞き流してしまいます。

だから、お心にとめてください。

苦手な人の言葉がグサリと胸に突き刺さったら、それは、あなた様の「見守り神様」からのメッセージかもしれません。

あなた様にどうしても気づいてもらいたいから、わざわざ苦手な人の口を借りて伝えたのだと、私には思えるのです。

好きな人と苦手な人では、言葉の効き目が違います。苦手な人との会話に注目。

苦手な人との会話には、幸運が隠れているものです。
グサリとくる言葉こそ、
しっかりと受けとめましょう。

＊見つめあいには嘘がない

人と話をするとき、目をそらしてはいませんか？

目は、心の窓です。

話の内容より、その方の目のほうが、心の中を映しだしていると思います。

会話をするときは、その方の目を見ることからスタートすると、ご自分の「気」が高まり、運を開く近道への扉が開きます。

そしてね。もし、あなた様が、目の前にいる方の心の内を知りたいと思われるのなら、なんとなく目を見ているだけではいけません。

「この人の心を見る」と意識して、お相手の目を見てほしいのです。

人間は、いつも心と言葉が一致しているとはかぎりません。その気になれば、嘘をつくこともできてしまいます。

でも、「心を見る」と意識しながら、真剣に相手の目を見て話をすれば、必ず何かが感じ取れるはずです。

私は、皆様にもこのことを体験していただきたかったので、以前セミナーを開いたときに、ちょっと変わったレッスンを提案してみました。

まず、参加者の皆様にペアになっていただき、互いに手を取りあい、何も言わずにしばらく見つめあってから、感じ取ったことをペアの相手に伝えてもらったのです。

すると、初対面にもかかわらず、相手の性格や、過去に体験したことを言い当てる方が、次々と出てきました。

今思いだしても「あれは最高だった」と、楽しくなる場面があります。

以前の勤め先で、三泊の研修旅行をしたときのことです。

食事のとき、ズラリとテーブルに並んだ料理のなかから、向かいに座った方が何を食べたいと思っているのか、相手の目を見て感じ取り、三品まで渡しあってみたのです。

言葉は交わしません。目で合図するのも禁止です。料理を渡された人は、合っていたら受け取りますが、違っていたら首を振ります。

初日の的中率はそれほど高くありませんでした。ところが、三日間これを続けると、六割から七割くらいの人が、相手の食べたいものを当てられるようになったのです。もちろん、向かいあう人は三日とも違っていました。

このように特別な機会を設けて実験するのは楽しいものですが、ふだんの生活のなかでも、「相手の目を見て話す」を、どうかお試しくださいね。

親子や家族の断絶が起こるのは、もしかしたら、向かいあって目を見ながら話すことが少なくなったからかもしれません。

大切な人のことが気がかりなら、目を見て語りあう時間をつくってはいかがですか。見えていなかった相手の心が、見えてくると思います。

「この人の心を見る」と思って
目を見て話せば、
本音がポロリと見えてくる。
なんだか心がポッカポカ。

見つめあうと、なぜか照れてしまう大人たち。
見つめあうって、
そんなに恥ずかしいことなのですか？

＊選べぬ親子のご縁ゆえに

子育てって大変なことですが、過ぎてしまうと、大変だったことさえ懐かしくなります。

子離れのできない親御さんに会うたびに、アドバイスの言葉が出にくくなるのは、わが娘が三十七歳になるまで、私の心の中が娘一色だったからです。

あるとき、ふと気づいたことがきっかけで、私はやっと子離れができました。なぜ気づけたのかは思いだせませんが、ある朝目覚めたときに、「子供は健康だったら、それでいいんだ」と思えたのです。

あのころの私は、よちよち歩きの娘がそのまま成長せずに、そばにいるような錯覚をしていた気がいたします。

わが子とはいえ、誕生から三十七年も経てば、一人前の大人。

彼女のことを認める。もちろん、大人として、です。

子供だ、子供だと思っていると、大人になっているはずなのに、やっぱり子供に見えてしまうのですから、親とは成長しない生き物なのかもしれません。

子離れすると、何か支えを失うようで、親のほうが怖がっているのです。

このことに気づくと、心が軽くなります。

それとね。

「親が子を思うのは当たり前」と言いながら、どうやら多くの親御さんは、自分がわが子を思う以上に、わが子から思われたいと思っているようです。

自分が子供を思うだけで、いいじゃありませんか。

思える相手に出会えただけで、幸福です。

がんばれ。

わが子がひとり立ちする日は、もう目の前ですよ。

そして、ひとり立ちしたとはいっても、やはり親は親。

愛情は、これまで以上に、たくさんあげてくださいね。

親子の縁は不滅です。これほど深きご縁が、この世にありましょうか。

子は親を選べないかもしれません。

親も、子を選んでいるという自覚はありません。

すべては自然の摂理。神様のおはからい。

今日は、親と子の深きご縁と絆を改めて心に刻みませんか。

縁深き親子。だから悩むことができるのですよ。

こんなふうに書くと、悩むことが楽しく思えてくるから不思議です。

私を育ててくれた母を見送ってから、はや九年になります。毎日、私が仕事から帰るのを、首を長くして待っててくれていた母。

今日は、あのころが懐かしく思いだされます。

親子の縁には卒業なし。
親子の縁にも課題あり。
親子の数だけ縁があり、
縁の数だけ人生あり。

「隣の美人より、うちの鼻ぺちゃがいちばんかわいい」
そう言っていた父の気持ちがよくわかります。

＊ご縁を深める歩み寄り

「歩み寄り」という言葉が大好きです。

出会ったのち、ご縁を深めていくには、これが大切なの。

たとえば、ふだんは仲のよい相手とケンカをしたとしましょう。

その日はお互いに腹を立てたまま別れても、次の日になると「少し言いすぎたかな」と、歩み寄りが始まるうちは、まだまだ大丈夫です。

人間ってね。だれかが自分のほうへ歩み寄ろうとしているときは、その「気」をちゃんと察知できます。ケンカをしたときも、「あんなことを言われたけど、自分は嫌われていない」と、相手の気持ちがわかっているのです。

歩み寄られるときの「気」って、最高です。嬉しいものです。

私は、初めてお顔を合わせるときは、その方に「お役立ち」ができるかどうかを考えます。そして、私に何かできることがありそうだと思ったら、私のほうから声をかけることにしています。

相手の方の社会的地位が高いとか、おつきあいをすれば仕事に役立つかもしれないといったことは考えもしませんし、何ひとつとして期待もしません。

相手に何かを期待するより、自分の思いで動くほうがラクだからです。

人間関係の基本は「ギブ＆テイク」ですって？

私は「ギブ」でいいと思っています。

だってね。「自分のしたことに対して、同じくらいのお返しがほしい」だなんて、そんな思いは、友情でも愛情でもありゃしません。

お役立ちがありそうならお声をかけて、うまくいかなくなったら、そのときにしっかりと考えて、結論を出せばいいのです。シンプルでしょ。

歩み寄りは、いかなるときも、ご縁を続けるための基本だと思います。

歩み寄りの「ギブ」は愛を深め、
「テイク」は愛ばなれの合図。
お返しを求めないほうが、
心は安らか。

歩み寄りに条件なんかありません。
素直な気持ちに拍手喝采を送ります。

＊引き立て運

だれからも好かれて、何かと引き立ててもらえる人って、いますよネ。「引き立て運」ってあるのだなあ、と感心してしまうほどです。

そういう人たちには、共通点があるのですよ。

それはね。何事もあまり気にせず、それでいて、会った人たちを「私のことを理解してくれた」という気持ちにさせることです。別の言い方をしますと、ひとさまの言葉をサラリと受けとめながら、個性ある相づちを打つことができて、自分の考えを押しつけたり、理屈を言ったりすることの少ない人です。

人間ってネ。ひとさまに何かを教えることが大好きです。「これこれについて、あなたのお考えや体験をぜひ聞かせてください」などと言われたら、たいていの人は嬉しいものです。

そんな一面を上手に受けとめてくれるのが、引き立て運を持った人たちなのです。相手の言葉にいちいち反論しないで、「なるほど」「そうですねえ」と相づちを打ち、いつのまにか相手に満足感を与えています。

反対に、「私はデキる」とばかりに相手を説得しようとする人は、好かれないものです。あえて一歩下がっているほうが、まわりに支えてもらえます。ぜひ、お試しくださいますように。

じつを言いますと、「ウン、ウン」とうなずいて、その方のお話に耳を傾けることは、立派な愛情表現なのです。

あなた様が、どなたかの話をじっくりと聞いてさしあげるだけで、その方の気力が高まり、信頼を得ることができます。また、引き立ててもらう機会もやってくるでしょう。

私たち人間にとっては、だれかと会話をすることが、とても大切です。たわいないおしゃべりをすれば、ちょっとしたストレスは消えてしまいますし、相手が聞き上手だと、「わかってもらえた」という満足感も得られます。

聞き上手というのは、聞き下手の人から見れば、うらやましい長所です。でも、「自分は聞き下手だ」という自覚がある人は、「自分にはできない」と最初から逃げているか、もともと人の話を聞くのが嫌いなのかもしれません。

もしも、引き立て運を手に入れたいならば、まずは鏡に向かい、ご自分の顔がどれだけの表情をつくれるか、チェックしてください。

私の知るかぎり、引き立て運を持っている人は、心の内の思いを顔の表情に表すのがお上手でした。何を話しかけても表情に変化がないと、話すのがおっくうになり、話をやめたくなると思うのです。

会話下手でもいいではありませんか。明るい表情をするだけでも相手が心地よくなると思います。あなた様は、どのような表情の人と出会うと、また会いたいと思いますか？　このことに、引き立て運のヒントがあります。

聞く気のない人、前にして、話す自分が情けない。相づちひとつで運招き。

母の話をもっと聞いてあげればよかった。亡くなった母に「ごめんなさい」。聞くことは愛だったんですね。

✳「夢」の上手な使い方

岡目八目とは、よく言ったものだと思います。

人ってね。自分のことだと、どうすればよいのかわからなくても、ひとさまのことになると、とたんに答えが見えてくるものです。

あなた様にもありませんか？　悩まなくてもいいところで悩む人を見て、「そうじゃないのに！」と気を揉んだ経験が。

迷うのも悩むのも、その方の自由です。うまくすれば、大きな学びにつながるかもしれません。そうわかってはいても、なんとか気持ちを変えてもらいたいと思うことって、あるのではないかと思います。迷い、悩んでいる人が大切な人であればあるほど、ご自分の悩みに発展してしまうこともあります。

そんなときは、とっておきの、次なる方法を試してください。

「昨日、こんな夢を見た」ということにするのです。

「あなたがこうしたら、こんなによいことが起こって、幸せになっている夢を見た」と、明るい未来を語るのです。これが最高です。「夢」ですから、もし現実と違ったとしても、どなたも傷つきません。

息子さんの進路のことで相談に来られた方に、この方法をお教えしたら、「とてもうまくいった」と喜びのご報告をいただきました。

息子さんは、第二志望のA大学に合格したものの、第一志望のB大学は落ちてしまい、見ていられないほど気落ちしているので何とかしたいというご相談でしたので、私は「夢を見たことにしましょう」と、ご提案しました。

たとえば、「昨日、不思議な夢を見たのよ。あなたがA大学に通っている夢なの。たくさんの友達に囲まれて、可愛い彼女もできて、すごく楽しそうだったわ」と、息子さんに話してはどうですか、とお伝えしたのです。

すると、さっそく実行してくださり、結果は大成功！　息子さんの顔が明るくなり、喜んでA大学へ進まれたそうです。

ただし、この方法は、一回きりの奥の手だと思ってください。相手に何かあったとき、いつも「夢を見た」と話すわけにはいきませんから……。

それとね。私は、ご相談に来られる方々とお会いするたびに、見守り神様がおそばにおられ、その方の幸福に力を貸していらっしゃるのがわかり、心がとても温かくなります。皆様にしてみれば、見守り神様のお姿は見えず、気配すら感じられないかもしれませんが、私には強く感じられるのです。夢を抱きつづける方はどなたであれ、見守り神様の支えがあって成功すると私は思っています。

人は、思いどおりに事が進まないとガッカリしますが、それがかえってよき結果を生むことがあると知っています。

どんなときも、落ち込んだ気持ちを引きずらずに、自分のやるべきことをやり、あとは見守り神様にお任せしてはいかがでしょうか。

夢で未来を語りましょう。
見守り神様も見ています。
準備は万端、効果はバッチリ。

大切な人が元気を取り戻すなら、
方法は何でもいいではありませんか。
それがつくり話の夢でもです。

✳ 次の恋が特効薬

恋に悩んでいるという女性に、私はよくこんなお話をします。

「女性と男性、どちらが薄情か知っていますか？」

ほとんどの方が「う〜ん……」と、考え込まれます。

「答えはね、女性ですよ。ところで、恋は今回が初めて？」

ほとんどの方が「う、ううん」と、首を振ります。

私の言葉の意味が、まだおわかりにならないようです。

「聞いていい？　前に好きだった人のことをよく思いだしますか？」

ほとんどの方が、また「う、う、ううん」と、首を振ります。

「女性はね。今の恋に全力を傾けるものですよ。前の恋のときも、そうだったでしょう?」

ここでようやく「うん」と、うなずきます。

女性は、過去より今を大切にする生き物です。このことは、今の恋のお相手が「一番」と、ほとんどの女性が思っていることからも、よくわかります。

だから私は、こんなふうに申しあげます。

「次の恋をしたら、たぶん今のお相手のことは忘れちゃいますよ」

これは本当のことです。もっと時間が経ったら「そんなこともあったな」というくらいの思い出になることでしょう。

それにくらべて男性はネ。情が厚いというか、過去を引きずるというか、年を取ると、思いだす女性が三人いると聞きました。

初恋の人、自分がいちばん好きになった人、もうひとりは、自分のことをいちばん愛してくれた人です。

恋をした。そのことを後悔してはいけません。

どんな恋でも、恋心を持てたというだけで、すばらしいことです。もう恋とのご縁がありそうにない私から見ますと、なんて素敵なことでしょう。

そのことを忘れなければ、人は幸福になれます。

たとえ今の恋が実らなくても、その人を好きになれた自分を、まずは誉めてあげましょう。

それに、恋をしている間は、好きな人と心の中で共に過ごせたのです。そのことが、本当は最高の喜びですものね。

恋がうまくいかなくなったら、未練なんて、いりません。相手の名前と生年月日を小さな紙に書いて、どこかに埋めちゃいなさい。

ただ、どんな別れ方をしても、土に埋めるときは、恨んではいけません。

「思い出をありがとう」

そうお礼を言って恋を終わらせるほうが、心がスッキリしますし、次の恋の訪れが早くなります。

次の恋が見えてこないから、
今の恋にしがみつく。
思いきって手放せば、
新たな出会いがやってくる。

今の恋が実るか、実らないかではなく、
「好き」という思いを持つことがすばらしいのです。

＊肌を重ねることは最高のエステ

恋の物語は、恋する人の数だけあります。

その物語に、よいも悪いもありません。

世間の目ですか？

そんなものは、そっと横に置いて、だれかを「大好き」と思えることができた自分を喜んでください。

ただ、幸福のひとり占めはいけません。相手あっての自分です。

あなた様が取る行動で、苦しませてしまう人がいるのであれば、その方に、心の中でお話しかけをしてみてください。

そのとき、決して自分勝手な会話をしてはいけません。相手の方が、目の前にいると思いながら語りかけると、ご自分の心根がよく見えてきます。

そしてね。

辛い恋に疲れてしまったら、鏡に映るご自分の顔を見てみてください。

「なんだか、やつれたなぁ……」

そう感じたら、その恋は、少し考えてみるといいかもしれません。

恋心には意地悪な魔物が潜んでいて、本当は自分でも「やめたほうがよい」とわかっているのに、やめると何だか損をするような気がして、やめられないという病気にさせるそうですよ。

でもね。別れられないときは、無理などしないことです。

せっかく好きになった人と会うときは、楽しまなくちゃ。

過去のいきさつなど忘れ、最高に魅力的な自分を相手に見せつけてやればいいのです。恋をして、肌を重ねることは、最高のエステです。そう思えば、気持ちが軽くなりませんか。

恋はエステよ、最高よ。
好きになった人と会うときは、
楽しまなくちゃ、損をする。

ふと疲れたら、鏡を見ましょう。
やつれた自分がそこにいたら、
その恋は考えどきです。

✳恋愛成就の秘訣

もし、あなた様が恋に悩んでいるのなら、悩む前に、ちょっとひとこと。

好きな人と会っているとき、どんな顔をなさっていますか？

一緒にいる時間を、笑顔で楽しんでいるでしょうか？

恋の経験が少ない私ですが、ハッキリと言えることがひとつだけあります。

人ってネ。

楽しい時間を共に過ごすと、次も必ず会いたくなるものです。

「今日は会えて楽しかった！」

別れぎわに、心からの笑顔でそう言えるような時間を過ごせば、向こうから連絡がくること間違いなしです。

反対に、相手も楽しくなかったし、自分も楽しくなかったら、ご縁が切れてしまうのは当たり前のことですよ。

ご縁を大切にして、長いおつきあいをしたいのなら、お相手を楽しませて、ご自分も楽しんで、「またね」とお別れするのがいちばん。

恋をしている人も、していない人も、どなたかとお会いになるときは、このことをお心にとめてくださいな。よいご縁を育てる秘訣です。

それとね。

恋の悩みをお聞きしていますと、「この人がいなくなったら、どうしたらいいのかわからない」と、思い込んでいる人が多いことに気づきます。

自分で自分の心を縛って、どうするのですか。

その人がいなくなっても、あなた様の人生はこれからです。

意外に、その人と別れたから、次の恋で素敵な人と出会えた、ということになるかもしれません。実際、そういう人が本当に多いのです。

悩んでいるときは、その人のどこが好きなのかもわからなくなっているのではありませんか？

「あの人のよいところはどこ？」と、冷静に相手を見直すと、「思っていたより少ないなぁ」なんて、ビックリすることもあるものです。

でもね。どんな恋でも、恋は恋。

恋ができるのは、それだけですばらしいこと。

だれかを好きになれたご自分に乾杯！

この恋がうまくいくか、いかないかなんて、今日は考えないでください。

どんな悩みもそうですが、先々のことを心配ばかりしていると、心配が現実になりやすいものです。

だったら腹をくくって、心配を手放すのがいちばん。

今、このときに気持ちを向けて、自分が楽しくなれることを探しましょう。

楽しい時間を共に過ごすと、
次も必ず会いたくなる。
これが恋を長続きさせる秘訣。

お相手を楽しませて、ご自分も楽しんで、
「楽しかった、またね」とお別れするのがいちばん。

第４章＊不思議な世界への扉

＊心が安らぐ「ガバジャラミタ」

突然ですが、「ガバジャラミタ」と、三回言ってみてください。

この言葉は、お経でも呪文でもありません。

「ガバジャラミタ、ガバジャラミタ、ガバジャラミタ……」

お気持ちに変化はありましたか？

別に何も感じませんでしたか？

それはそれでけっこうです。

でも、何かを感じた方は、その感覚を忘れないでくださいね。

「ガバジャラミタ」という言葉の意味は不明ですが、言い慣れると癖になり、迷いが生じたときや、ここ一番と思える場面では、「気合い投入」とばかりに口から出てしまうと、何人もの方がおっしゃっています。最近では、私の身近に、願い事があると「ガバジャラミタ」と言われる人が増えています。

「ガバジャラミタ」なる言葉が誕生したのは、もう二十五年以上も前のこと。旅行先での出来事がきっかけでした。

この旅行の参加者は、私を含めると十名。気の合う者同士の旅で、心がワクワクしていました。

旅先では、夕食の宴が最高の楽しみのひとつですが、それまでにはまだ時間があったので、雑談タイムがスタート。しばらくすると窓の外の木々が揺れはじめましたが、気にとめる人もなく、話が盛りあがっていきました。

すると、参加者ではない、見知らぬ男性の声で、ＢＧＭのように「ガ〜バ〜ジャ〜ラ〜ミ〜タ〜」と流れたのです。

「今、聞こえたよね。ガバジャラミタと言ったよね」と尋ねると、数人がうなずきました。聞き取れなかった人も何かを感じてはいたようで、ガバジャラミタが聞こえた瞬間、皆さんの会話がとだえました。

今まで知らなかったこの言葉に、なぜか懐かしさを感じていると、「みんなで言ってみようよ」と提案する人が出てきました。これに全員が賛成し、コーラスのように「ガバジャラミタ」と大合唱。

何回言ったかは覚えていませんが、部屋がみるみる明るくなり、気がつくと、天井からぶら下がっていた照明器具の傘の上の影が消えていたのです。

次の瞬間、なぜ床の間にみんなの視線が向いたのかは記憶していませんが、床の間に飾ってあったお面が、参加者の顔にパッパッと変化していくではありませんか。顔を見あわせて驚きはしましたが、だれひとりとして怪奇現象だとは思わずに、むしろ好奇心が炸裂して、次に手が伸びたのが香炉でした。

さっそくテーブルの真ん中に置いてお香をたくと、なんとしたことでしょう、お香の煙が虹になっているではありませんか。もうこのときには、次に何が起きても不思議とは思わない気持ちになっていました。

夕食の宴は、それはにぎやかに盛りあがりました。

食事が終わってからのことです。虹が現れた香炉の横に置いてあったウイスキーを開けようということになり、グラスに注いでひと口飲んだとたん、「のんべえ」たちが喜びのあまり小躍りしました。ウイスキー、今まで味わったなかで最高の味になっていたのです。

感動はこれで終わりではなく、差し入れの胡麻団子は、翌日の昼にデザート代わりに食べても、固くなっているどころか、むしろふんわりとしています。差し入れた本人が、「そんなはずはない」と首を傾げていました。

こうした一連の出来事が、「ガバジャラミタ」の威力によるものだったのかはわかりませんが、このことがあってからは、「ガバジャラミタ」を信奉するひとりになった気がいたします。

私は、ブログ「幸福への近道」読者さまの健康、仕事、恋、家族の幸運のため、お祈りをさせていただいています。

私が知るかぎりでは、人の思考が澄み渡る時間帯は午前四時。週に三回は午前四時に起き、部屋の窓から天に向かって「ガバジャラミタ」をその日の気合いしだいで何度か言ってから、寝直すようにしています。

「ガバジャラミタ」が広がるにつれて、嬉しいお話が聞けるようになりました。「感が冴える」「難しい入試問題の答えがわかった」「手術が成功した」「結婚が決まった」と……。

この言葉が何かを動かすのではなく、この言葉を口にした方が、「自分の思いを何かに委ねられる」という安心感から、気力がアップしたり、冷静になったり、素直になれたりするのではと、今は思っています。そして、奇跡という言葉がこの世にある以上、「ガバジャラミタ」という言葉が、奇跡を呼び込むこともあるという気がしています。

だからね。あなた様も、あまり考えすぎないで、ガバジャラミタと言ってみてはいかがですか。きっと心が楽になると思いますから。

「ガバジャラミタ」

意味はわからぬこの言葉。

何かが起きると期待湧く。

ここぞという場面では、
午前四時に「ガバジャラミタ」。
嬉しい奇跡が起こるかもしれません。

＊感覚は感に通じる

視覚、聴覚、嗅覚、味覚、触覚、知覚に自覚。

だれもが持つこれらの「覚」には、何かを感じる「感」が息づき、人間の根源である「生き力《りょく》」が潜んでいます。ひとつひとつ、見ていきましょう。

視覚は、光を刺激として受け取り、物を見る働きです。

ここにも不思議が潜んでいます。たとえば、車窓から外の景色を見るとき、どんな見方をしていますか。目的によって、見え方が違っているはずです。

夜になると、車窓を鏡に見立てることも、車外の景色を見ることも、それを瞬時に切り替えることもできています。

また、何かを見つめているはずなのに、ボーッとしていると、目の前から映像が消えていることもあります。

聴覚は、音の刺激を受け取る働きです。

今、あなた様の耳には、何かの音が聞こえていますか？　聞く・聞かないのスイッチひとつで、かなりの音を消すことができます。

私は原稿を書くときにクラシック音楽を流していますが、集中しはじめると音楽が聞こえなくなり、音のない世界の扉が開きます。

嗅覚は、においを感じる働きです。

体内から排出される汗や大小便のにおい、そして体臭にも注意を払うと、健康状態をいち早く知ることができます。

味覚は、ものの味を感じる働きです。

何かを口にして「おいしい」と感じられるのは元気な証拠。体調が悪くなると、味覚が変わります。

人が甘味を好むのは、甘味が心身を元気づけてくれることを本能的に知っているかもしれません。

触覚は、触れたものを感じる働きです。熟練のマッサージ師さんは、触れただけで相手の体調がわかります。お母さんが赤ちゃんに触れると、愛情ホルモンが分泌されます。

知覚は、感覚器官を通じて外界をとらえる働きをします。ここはどこか、今はいつか、何をしているのかという問いに寄り添い、答えを出すのです。

自覚は、これらの「覚」を感じ取りながら、ご自分を知ることです。

ご自分の置かれている状況、環境、立場を伝えてくれるさまざまな「覚」が、あなた様を守っているのです。

視覚、聴覚、嗅覚、味覚、触覚、知覚、自覚。

この七つの「覚」のなかで、ご自分としては「いちばん出来がよい」と思うものから意識して、ご自分が感じ取れる感を磨き、すぐれたものにしてください。

感覚には才能あり。
これを育てる方法は、
感覚を意識すること。

ご自分が持っている感覚を自覚すると、
感覚が鋭くなり、感も冴えてきます。

＊すべてのものに命あり

私は、地球上に存在するすべてのものが「生きている」と信じています。空気も水も、空も海も、人間がつくった品々にも生命があると思って暮らしています。

私の一日は、こんなふうに始まります。

朝、目覚めたことが嬉しく、「おはよう、ありがとう」「私は生きています」と、だれに話すでもなくご挨拶をします。そして「今日も明るく元気にがんばろう」と、自分の心に語りかけます。次は、自分の目にとまった品々に、「おはよう」とご挨拶をします。すると、「おはよう」と返事をしてくれます。

こういうお話をしますと、「松原さんだから返事が聞こえるのでしょう？　私たちには何も聞こえません」と言われそうです。でもね。ほとんどの方が、身のまわりのものにご挨拶や問いかけをなさいません。やってもいないのに「聞こえない」と思い込んでいらっしゃるのでは、と、私は思うのです。

私は、どんなものにも心があると思っていますから、食材を落としても「ごめんなさい」と謝りますし、話しかけもします。もしかすると、子供のころにした人形遊びの続きをしているのかもしれません。

ずっと以前の私は、ふだんの自分の心の中を、今のようにしげしげとは見つめていなかったと思います。いろいろな方とお会いするようになり、私のことを不思議がる方々の顔を見ながら、改めて自分を見直したとき、皆様と自分との違いを見つけたような思いがいたしました。

正直なところ私は、気が利くほうではありませんし、頭脳が優れているわけでもありません。ただ「生きている」ことが喜ばしく、出会いのひとつひとつが嬉しくて仕方がないのです。

初めて見る風景や土地には、必ずご挨拶をする習慣があり、ときおり楽しくなるようなお話を聞かせてもらえたりもします。

もうずいぶんと前のことですが、勤めていた会社の工場が移転することになり、不動産会社の方の案内で、社長と一緒に用地を見に行ったことがあります。

現地に着き、あたりを見まわすと、枯れ草の中に緑色の大きな石が鎮座していました。さっそくご挨拶をと思い、「石さん、こんにちは」と話しかけてみると、「会社がここへ来てくれたら私は嬉しい」と、前の持ち主が土地を手放すことになった理由を語ってくれたのです。「持ち主は七年前に病気をして、その後……」、聞こえたことが半信半疑でした。このときはまだ、いろいろなものと会話をしていることは自分の胸にとどめていましたし、会話の内容が事実かどうかを確かめようとも思わなかったからです。

ただ、社長は私の感性をよく理解してくださる方でしたので、帰りの車中で、石さんと会話したことを伝えてみました。すると社長は、私から聞いた話を、案内してくれた不動産会社の方に話したそうです。

それから数日が経ちました。不動産会社の方が、土地の持ち主に確認したところ、石さんが話してくれたことは事実だったそうです。それ以来、不動産会社の方は、なぜか私に会うのを怖がっておられました。

まだまだ不思議な話は続きます。今度は、会社の工場でのことです。広い場内を歩きながら、機械さんたちに「お久しぶり、元気？」と声をかけると、いろいろな機械が自分のことを私に話してくれたのです。「このごろ社員の人があまり来てくれない」とか、「僕のところへ来ても、次の仕事のことを考えて、僕には心を寄せてくれない」などと、寂しそうに話す機械もありました。

機械さんたちの言葉を社員の皆様にお伝えしても信じてもらえまい、と思いましたが、なぜか話さずにはいられなくなり、その後の集まりの場で話してみました。すると社員の皆様から声が上がり、「このごろあまり来てくれない」と話した機械は、最近使われていないことがわかりました。「心を寄せてくれない」と寂しそうにしていた機械は、単純に物を切るだけのお役目なので、それを使う人は、次の工程へと思いをめぐらせているというのです。

私はこのとき、感動いたしました。

私が愛するこの地球上の、すべてのものに生命がある。この出来事が、その証ではないか。すばらしいことです。どんなものにも意識があり、感情があり、人間と共に生きている。そのことを知らないのは人間だけだと思えました。

このような会話ができるのが、私だけとは思えません。この地球上には、小鳥と話せる方、草と話せる方、その他のものと話せる方は、いくらでもいると思います。皆様のなかにも、いらっしゃるのではありませんか？

皆様も、身のまわりのものを愛し、心から声をかけてあげてください。私たちだけの地球ではありません。人間同士が共に生きるのは大切なことですが、同時に、地球上のあらゆるものと共に生きているのです。私たち人間が、そういう意識を持って日々を過ごすことが、地球さんの願いでもあると思います。

あらゆるものに意識あり。
語りかければ、
ひらめきを授かることも。

自然界に手をつけ、傷つけてしまった私たちです。
せめて、ご自分が使う品々に言葉をかけてください。
その品々は、あなたのために、そこにいるのですから。

＊地球との絆

私はよく日本地図や世界地図に触れ、指先が感じ取ったことをブログ「幸福への近道」でお知らせしています。

地図に触れていますと、地球さんの鼓動や思いが伝わってきます。地球さんはさまざまな水脈を通じて、私たちを育てているのです。たとえば、東京育ちの人と大阪育ちの人とで感性に違いがあるのは、異なる水で育ったからです。

そういえば、環境になじめないことを「水が合わない」と言いますね。水の働きを無意識のうちに知っているから、こんな言葉ができたのでしょう。

日本ほど面白い国はありません。

こんなに小さな島国なのに、とてもたくさんの水脈があり、それぞれがエネルギーを発して人間を育てているのですから。

そしてね。昔の人の感性が、すばらしかったこともわかります。

というのも、摂津国《せっつのくに》、常陸国《ひたちのくに》といった、都道府県になる前の区分のほうが、エネルギーがきちんと分けられているからです。

ただ、沖縄のエネルギーは、昔も今もあまり変わりがないようです。たぶん、昔からの感性が残っている地域なのでしょう。

地球さんは、ひとつの生命体だと思います。

水脈は、体のすみずみまで栄養を運ぶ血管に当たります。その血管で養われているのが私たち人間で、ひとりひとりが地球の細胞なのです。

だからね。私たちは皆、地球さんとつながっています。ひとりひとりが地球さんにはぐくまれ、同時に、地球さんの体をつくっているのです。そのことをどうか忘れないでください。

もしかしたら私は、皆様よりも深く、地球さんとお話ができているのかもしれません。けれど、皆様も地球さんと自分との絆を思いだせば、地球さんの鼓動や思いが感じ取れることと思います。

東日本大震災以来、ご自分の身を守るために、もともと持っている感が開いた人が増えています。もしかしたらあなた様も、地震をはじめとする自然災害の訪れに、敏感になられているかもしれません。

そこで、私からお願いがございます。

たとえば災害の予兆を感じ取ったとき、「怖い！」だけですませるのはおやめください。恐怖心や不安がどんな結果を招くかは、きっとあなた様もご存じでしょう。私たちひとりひとりが地球さんに直結しているのなら、なおさらです。

地球さんにかける言葉は、「感じ取れました、ありがとう」です。そうすれば、地球さんも気をよくして、穏やかになってくれるように思います。

私たちを生かしてくれる地球さんに感謝！　その思いを日々地球さんに伝えることが、私たち人間の大事なお役目だと思っています。

地球は、私たちの生みの親。
私たちは、その細胞のひとつ。
だからこそ、地球さんに感謝！

どんなものであれ、
地球さんの鼓動や思いを受け取ったら、
「感じ取れました、ありがとう」と声かけを。

＊「初対面」が教えてくれること

皆様のご相談にお答えするようになって、わかったことがあります。

それは、私のところへ来られる方々が、ご自分の悩みに対する答えをすでに心のどこかでご存じだ、ということです。ご相談のとき、目を見ながらお話をしていますと、そのことがはっきりと感じられるのです。

なのに、どうして皆様は、私に相談されるのでしょう。ひとつには「ああ、やっぱり」と、改めて納得したいからだと思います。もうひとつには、自分以外のだれかに背中を押してもらいたいのだと思います。

私だけが特別なのではありません。じつは皆様も、ご自分で思っている以上に、いろいろなことが見えるし、察知なさっています。そのことに、ご自分が気づいていないだけだと思えるのです。

本当はわかっているはずなのに、皆様が見えない・聞こえない・わからないと思われるのはなぜなのか。この疑問を抱くまでは、私は自分自身が体験していることに、何の興味もありませんでした。

もしかすると、私が単純で、考え方がシンプルだからか、感性がどこか欠落しているためなのか、複雑な感情の幅が少ないのかもしれませんが、幼心がいまだに残っているのを感じています。

そのため、心の中にある思いを素直に口に出しすぎるという心配もありますが、何度もお会いしている人に対しても、初めて会うような新鮮な気持ちで会えている自分が大好きです。

多くの人は、特定の相手に会う回数が増えていくと、過去に会ったときの印象や感じ取ったことが、その相手のすべてだと思いがちなようです。私は、人はたった一日で思考が変わるとも思いますし、しばらく会わないと環境の変化が起きていることもあると思いますので、いつお会いしても、初対面という気持ちでお会いしているのです。

私たちの感性と申しますか、動物的な感と申しますか、初対面で相手を見たときには、何かを見抜く力が発揮されると思います。

家族も恋人も友人も同様に、初対面だと思って会うと、今までは気づけなかった何かを感じ取れると私は思います。

どんなときでも初対面の気分で会うと、大切な方の心の変化をいち早く察知できますし、見慣れた顔でも改めてわかることが増えます。

このことを心にとめ、どなたかに会うときは、「初対面、初対面」と、ご自分に言い聞かせてお会いになってください。

見慣れた顔でも「初対面」という気持ちで見ると、心の変化がわかる。

人ってね。気づく方法がわかっても、「やってみよう」と思わないと、今までと同じ生き方をします。

第５章＊「あの世」と「この世」

＊亡き人に「会えた」

この世で暮らす私たちも、いつの日かあの世にまいります。

亡くなった方を思いだしますか。

思いだして、偲《しの》ぶとね。

その方は、あなたのそばまで来てくれ、見守り続けてくれます。

あの世へ旅立たれた方を身近に感じたいのであれば、次のことをなさってみてください。きっとお気持ちが爽やかになります。

まず、味が濃いめの飲み物をふたつ用意して、ひとつは故人のお仏壇かお写真の前に、どちらもなければ生前のお名前を紙に書き、その前に飲み物を置いてください。もうひとつは隣室が最適ですが、できるだけ離れた場所に置いてください。

それから、お仏壇かお写真、またはお名前を書いた紙がある飲み物の前で、「私のそばに来てください」と語りかけながら思い出に浸るのです。

このとき、何も感じ取れなくても、会いたい思いは故人に伝わりますし、あなた様も、心地よい時を過ごした気分になると思います。

故人を偲ぶと涙が頬を伝うかもしれませんが、あの世で暮らすその方にとっては、とても喜ばしいことです。

その日の夜は、お心を軽くしてお休みになってください。

次の朝、昨日の飲み物（同じ温度にしてください）を飲みくらべます。飲み物に「おはようございます」と朝のご挨拶をなさって、まずは離れた場所に置いた飲み物を、試飲するように口に含み、味わいながら飲んでください。

そして、お供えした飲み物を、会いたい故人が目の前にいるかのように見つめながら、「会えた」と思ってひと口お飲みになってください。

このことをお教えした方々の多くは「飲み物の味が変わった」と、報告してくださいます。

ある方は、故人が好きだったカスミ草を仏前にお供えしたら、風もないのに優しく揺れたと話されました。

「あの世とやらは遠すぎる」、そう思い込んでいるのは、この世で暮らす私たちだけなのかもしれません。

亡き人たちは、私たちの元気で明るい笑顔を見ていたいと思っています。

「会いたい」

「触れたい」

「語りたい」

このような思いも、ちゃんと伝わっています。

ご自分の生涯をまっとうされると、あの世で再会できますからね。

亡くなられた方を偲ぶとね。
その方がそばに来て、
あなたを見守ってくれる。

ご霊前に供えた飲み物の味が変わったり、
花が揺れたりするのは、故人からのメッセージ。

＊思いだせる人のご供養を

お身内やご先祖様の供養をこの先どうすればよいだろうかと悩む方は、決して少なくないようです。

先日も、先祖代々のお位牌がたくさん手もとにあり、お世話が大変という方が来られました。聞けば、かなり前の代からお位牌が残っているのだとか。

「同じことをお子様に引き継いでもらいたいと思われますか？」

そうお尋ねしますと、首を横に振られました。

「でしたら、もう十分ではありませんか？　おつきあいのあるお寺にご相談なさってはどうでしょう」

きっと、その方ご自身も、同じことをお考えだったのだと思います。このときのご相談は、スムーズに進んでいきました。

ご供養については、いろいろな考え方がありますから、「これが正解」というものはないと思っています。ご供養をなさる方のお気持ちが安らかになれば、それが一番ではないでしょうか。

ここから先は、私の考え方だと思ってお読みくださいませ。

私たちがご供養をするのは、この世でお顔を合わせたことのある方まででよいのでは、と思っています。そうしますと多くの方は、ひいおじいちゃま、ひいおばあちゃまくらいまでになることでしょう。

ご相談の場で拝見しましても、戦国武将や平安時代の方が、ご相談者のそばにおられることはありませんでした。ご相談者が思いだせる人が、見守っていらっしゃるのが見えたりはします。

そして、お墓や仏壇は、とくになくてもかまわないと感じています。それよりも、亡くなられた方を思う心が大切です。

仏壇やお墓の代わりに私がおすすめしていますのは、小さな写真入れに遺影（遺影がお手もとにないときは、故人のお名前を書いた紙）を収めて机の上などに飾り、毎日お話をするというやり方です。外出時には、故人の写真や、名前を書いた紙を持ち歩けば、どんなお守りより頼もしく思えることでしょう。

おいしい物や飲み物をいただくときは、口をつける前に「これはあなたの分です」と言うようにすると、とても喜ばれます。故人を偲びながら、生前に好きだったお酒の杯を傾ければ、あなた様も元気づけられます。

「ご先祖様の祟り」ですって？

そんなものはありません。

たとえばネ。いつかあなたが「ご先祖様」になったとき、ご自分の子孫に祟ろうなどと考えますか？　幸福になってほしいと思うはずです。

子孫を見守り、導くことが、ご先祖様のお仕事です。「見守っていただき、ありがとうございます」と感謝するのが、生きている私たちの務めです。

亡き人を思い、話しかけると、その方が守り神になり、大難を小難にしてくれる。

大切に守ってきたお墓や仏壇が、次なる継承者の負担にならなければ、あの世の方は喜ばれます。

＊あの世への「送り人」

この世で死を迎えた方は、たったひとりであの世へ旅立つわけではありません。あの世への「送り人」が、必ずおられます。

「送り人」は、ご家族とはかぎりませんし、送り方もいろいろです。

たとえば、ひとり暮らしをしている方が、だれにも看取《みと》られずに死を迎えたとします。そのときは、その方を発見して、どんなかたちであれ葬儀をされた方が「送り人」となります。また、その方の死を後から知って、手を合わせにこられた方も「送り人」です。

もしかしたら、生前に深いおつきあいのなかった方が、「送り人」になるかもしれません。

それでもいいのです。

だれかを送り、だれかに送られる。これもひとつのご縁です。

そしてネ。あの世へ行ってから、私たちは気づくことでしょう。自分の「送り人」となってくれた相手が、じつは前の世からのご縁で結ばれていたことに。

どんな人にも「送り人」がいます。縁深き相手です。

「お葬式に行けなかった」

「最期を看取ってあげられなかった」

そんな思いをお持ちの方は、今からでも遅くはありません。

「この世でいただいたご縁に感謝します。またお会いしましょうね」

亡くなられた方に、お心の内でお伝えください。そうすれば、あなた様も「送り人」のおひとりとなれます。

ただし、大好きな俳優さんや、話したこともない憧れの人が亡くなったからと、自分の思いだけでお見送りの行為をしても、送り人にはなれません。

あの世へ送り、送られるのは、
縁深き相手なればこそ。
亡き方への思いが、
あなたを「送り人」にする。

送り人の役目を果たすと、
送られた人が守ってくれます。

＊あの世からの応援

ご相談をお受けしているとき、「身近で亡くなられた方が、この方を私に会わせるために連れてきてくださったのだなぁ」と感じることがあります。大切な方に伝えたいことがあるのに、肉体を持たぬ身では伝えられないので、私の口から伝えてほしい、と思っていらっしゃるのがわかるのです。

今、身近で私をサポートしてくださる方のなかにも、「この方のお父様が出会わせてくださったのだ」と、はっきりとわかる方がいます。おかげさまで、出会ってからこれまで、お互いにとってよい変化が生まれています。

亡くなられた方々も、この世で生きる私たちを助けたいとの思いからメッセージを送ってくださる。このことは確かです。また、亡くなられた方が、生前のように話しかけてきたという例は、いくつもあります。

ただ、亡き人がはっきりとした言葉で私たちに話しかけてくださるとはかぎりません。それ以外にも、メッセージを送る方法はたくさんあるからです。

たとえば、人との出会い、ふとした予感やひらめき、たまたま耳に入ってきた言葉……。じつは、そういうものに故人のメッセージが込められています。でも、多くの人は、そのことに気づきません。

そうしたメッセージを受けとめたいのなら、日頃から心を軽やかにしていなくてはいけません。

そのためにも、心を忘れる時間を少なくすることが大切です。

たとえばゲームに熱中しているときは、心がどこかへ置き去りになっていますので、亡き人からのメッセージを感じ取ることができません。どうしてもゲームをしたいのであれば、「これから三十分間、心を忘れます」と、ご自分の心に知らせてください。

もうひとつ大切なのは、悩みや怒りなどに、長時間、心を奪われないこと。なぜ悩むのか、なぜ怒るのか、ご自分の心と正直に会話をしてみると、早く冷静さを取り戻せるものです。

それと、ご自分のお心が楽しくなるような工夫をしてくださいネ。ウキウキしたり、笑ったりすることは心身の健康によいと、医学的にもわかっています。小さなことでいいのです。

毎日の暮らしのなかに故人を偲ぶ時間を持ち、自分らしい生き方をつくりだしてください。

何気ない出来事にも意味がある。
あの世から送られる思いに、
私たちは助けられている。

あなた様が気づかなくても、
亡き人からのメッセージに支えられて
事なきを得ています。そのことを忘れずに。

✳不思議な「ホットライン」

あの世とこの世をつなぎ、メッセージを届けてくれる不思議な絆。

私はこれを「ホットライン」と呼んでいます。

ホットラインは、この世で生きている方が、あの世へ旅立たれた方を懐かしく思いだすかぎり、存在しつづけます。この世で思いだしてくれる最後のおひとりがあの世へ行かれたとき、このホットラインはお役目を終えて消滅します。

この世でご縁をいただいた方であれば、どなたにもつながります。ご縁が深ければ深いほど、つながりやすいでしょう。先に旅立たれたご家族はもちろん、この世であなた様に愛や慈悲を与えてくださった方、あなた様が与えた方なら、間違いなくホットラインで結ばれています。

人生を共にするパートナーができると、ホットラインが倍増します。あの世の方々から見れば、わが子孫の人生に深くかかわる大事な人を、子孫同様に守ろうとしてくださるのでしょう。ですから、パートナーの亡きご親族のことも、ご自分の亡きご親族と同じように大切になさってくださいね。

ホットラインを通じて確実にメッセージを送りたいときは、生前のお名前で呼びかけ、自分の名前を名のり、生前のお顔や姿をしっかりと思い浮かべながら語りかけるとよいと思います。「太郎さん、美代子です。昨日、こんなことがありました……」という感じです。

じつは、このホットラインは、この世に存在するもの同士をもつなぎます。以心伝心。この言葉は、ホットラインを指しているように思います。野球のバッテリーもそうですが、お互いを深く信頼している人の間では、言葉のない会話が交わされます。私が「消しゴムさん」や「石さん」「空気さん」とお話しできるのも、ホットラインのおかげかもしれません。

あの世とこの世をつなぐ
「ホットライン」。
あなたが亡き人を思いだすかぎり、
ホットラインは存在しつづける。

確実にメッセージを送りたいときは、
生前のお名前で呼びかけ、自分の名前を名のります。

＊「死」はなぜ怖い？

私にしか見えていない方のことを、私は「不思議な世界の方」とお呼びしています。その不思議な世界の方が、人間の死について語ってくださいました。

「あなた方のいう『死』とは、心を表現する肉体が滅びることです。あなた方が肉体だけの生き物なら、肉体が滅びることを『寂しい』と思う心も滅びるはずです。肉体と同時に消えるのですから、考えることも、悩むこともありません。何もない『無』になるのですから、恐怖などあるはずがないのです。なのに、あなた方は『死』を怖がる。なぜだと思いますか。

あなた方は今、気づかなくてはいけません。肉体だけでは喜びも悲しみも、苦しみさえも味わえませんね。心という生き物が、思いをつくりだすのです。肉体が体験するのではなく、心が体験するのです。そして、肉体に体験を覚えさせ、自分に合った行動をとらせるのです。思いと行動がひとつになったとき、その人は満足を覚えることでしょう。それが人なのです。人間なのです。

死ぬのがなぜ怖いのか、少しはわかってきましたか？　あなた方は、思いを行動に変えるのに必要な、肉体をなくすことを恐れているのではありませんか？　そうです。人間は、肉体と心が別の生き物であることを知っているのです。それゆえに、肉体をなくすことを心が恐れているのです。肉体を失えば、思いを表すことができなくなるからです」

私たち人間だけが、肉体と心という、役目の違うふたつの生き物がひとつになってこの世で生きていると、不思議な世界の方はおっしゃいます。きっと神様に深いお考えがあって、私たち人間をこのようにつくりたもうたのでしょう。

肉体は、この世でのお役目を終えると、元素に還元されて地球の一部になります。心は、「あの世」という次なるステージへ旅立っていきます。

肉体と心は別の生き物。
死を迎えると、肉体は地球へ還り、
心はあの世へと旅立つ。

「死」が怖いのは、私たちの心が、
肉体をなくすことを恐れているからです。

＊あの世の光景

「この世での死は終わりではなく、次なる世界へ向かう旅立ちです」

不思議な世界の方のお話が続きます。

私が教えていただいた死後の世界は、美しい光にあふれた、すばらしい世界です。

「肉体に別れを告げ、魂に戻って旅立ったら、次なる光に慣れるために、暗い道を通らなくてはいけません。そこはトンネルではなく広大な宇宙空間で、前方からひと筋の光が差し、魂を導いてくれます。まるでトンネルの中に自分がいて、明かりに向かって歩いているかのように感じられるのです。

意識はもちろん、この世で生きていたときのままです。感情も考え方も、生前の個性がそのまま残っています。

この世で行動を共にしてくれた肉体は、すでにありません。そのことに気づくと、あなたの体は急に軽くなり、風に乗り、光に向かって飛び立つのです。光の差す方向へ進んでいくと、光の花園があなたを待っています。その美しさに、この世でついた垢が洗われる思いになります。

この世で傷を受け、病んでしまった魂は、この場所に来ると、美しい光の花園のなかで泳ぎはじめます。そうすることで傷を癒すのです。

光の花園に溶け込んでいく魂には、姿も形もありません。あるのは心と、精妙な光だけです。もはやこの世での腹立たしさや嫉妬といった感情も必要ではありません。『何かがほしい』という欲も、肉体があってのことです。宝石で飾る肉体はないのです。ここで初めて、魂というあり方に目覚めるのです。

そのころ、この世で共に暮らした肉体の水分子が、水蒸気になって光の花園にやってきます。水蒸気は光に溶け込み、美しく輝きます。魂が、懐かしさも手伝って近づくと、水蒸気がミクロの衣となって光を包み、上昇しはじめます。

ふと気づくと、そよ風が心地よく感じられる雲の中にいます。他の水分と共に今度は地面に向かい、雨に交じって降りていきます。

肉体を持たぬ魂は、自然界のルールに従い、自然界を体験するのです。いかなるところにも神々の心があり、自分ひとりではこの世で生きられなかったことを知り、言いしれぬ感謝と感動におのれの存在を震わせるのです。

そのころには、ほとんどの魂が自然界に溶け込みはじめるのですが、この世で経験した出来事や、そのときの思いにとらわれて、光に溶け込もうとしない魂も、まれにはいます。そのような魂が、写真に写ることもあります」

不思議な世界の方のお話を聞き、「往生際」という言葉を思いだしました。この言葉にも、死後の世界の秘密が含まれているような気がいたします。この世とあの世を往復して生きる際に、この世への執着をどう断ち切るかで、往生際がよくも悪くもなると思えるのです。

肉体を脱ぎ捨てた私たちは、
魂というあり方に目覚め、
言いしれぬ感謝と感動を味わえる。

自然界のいかなるところにも神々の心があり、
自分ひとりでは生きられなかったことを知るのです。

＊閻魔様の正体

あの世で私たちが、どうしてもしなければならないことがあると、不思議な世界の方はおっしゃいます。それは、今回の人生をふり返ることです。

「魂は、肉体と共に過ごしたこの世での出来事をすべて思いだし、『あのとき、こうすればよかった』『なぜ、あんなことをしてしまったのか』と、自分の行いを悔います。そうすることで魂が洗われ、清められるのです。

『嘘をつくと、あの世で閻魔《えんま》様に舌を抜かれる』などと言いますね。

閻魔様とは、あなた自身にほかなりません。

あなた方は、肉体と心を持った人間としてこの世に生まれ、自分が何をすればよいのか、本当はよく知っています。なのに、自分の役目に気づこうとせず、気づいても行動に移さない。そのため、肉体を失い、魂に戻ったとき、この世で自分の役目を果たせなかったという悔恨の思いから、自分で自分を裁くのです。人間は、他人から裁かれるときには、心のどこかに逃げ道をつくれます。

しかし、あの世へ帰ったときには、自分で自分の心を裁くのです。

罪深き人ほど、あの世で安らげる日は遠く、その苦悩を表したのが地獄です。焼けるような心の痛みが火の池地獄となり、罪の意識に刺される心が針山地獄をつくり、業の深さを血で表したのが血の池地獄です。

自分の人生は、だれかに見られている。あなたは、そんな思いを抱いているはずです。『だれか』というのは神様であり、あなた自身の心でもあります。

そのことを自分の心がよく承知していることも、あなたは知っているのです。自分自身の心で人生をふり返る、それが閻魔大王のお白洲《しらす》です。

閻魔大王はもうひとりの自分です。自分に嘘をつくことは、だれにもできません。閻魔帳とは、自分の心に記したわが身の行いです。

もう遠い昔のことですが、地球の空気や水が今より美しく清らかだったころは、人々の心や感性にも純な部分がありました。そんな時代に、人の心を戒める教えとして生まれたのが、地獄であり極楽だったのです」

ここまで話されたとき、不思議な世界の方の声がふと優しくなり、短歌を一首、教えてくださいました。

「この世にて　慈悲も悪事もせぬ人は　さぞや閻魔も困りたまわん」

一休さんの短歌だそうです。

幼くして出家し、すばらしい書画や歌をたくさん残した一休さん。この短歌には、どんな思いが込められているのでしょう。

人に慈悲を施すこともなく、悪事も働かぬような人には、閻魔様もさぞお困りになるだろうと、おっしゃっているのですよネ。

この短歌をどのように受けとめるかは、あなた様しだいですが、まずはこの世で必死に生きてみることが大切なように思えるのです。

閻魔様の正体は自分自身。
だから嘘などつけません。
自分の心が、自分を裁く。

でも、お裁きが怖くて何もしないのでは、
この世に生まれた意味がありません。
まずは必死で生きてみましょうよ。

＊「生」を支えてくれるもの

なぜ生まれ、なぜ死ぬのか。

その答えは、人間をおつくりになった神様にしかわかりません。

でも、不思議な世界の方が、少しヒントをくださいました。

「あの世へ帰った魂は、やがて魂の故郷ともいえる美しい光に溶け込み、人間としてふたたびこの世に生まれる準備を始めます。

この世はあの世への足がかり。過去の人生は今の人生へと命をつなぐ橋渡し。今を今として大切に歩むことが、この世で生きた証となります。

いかなる問題が人生の途上で起きようとも、清き心で生きていれば、必ず道が開けます。そして、転生輪廻《てんしょうりんね》をくり返すなかで、おのれに合った生き方を見いだすことができるのです」

あなた様も私も、いつかはあちらに帰る日がやってきます。

「充実した一日は、千日に値する」

今、こんな言葉が聞こえました。きっと、同じ一日なら充実した一日を過ごしなさいと、不思議な世界の方が教えてくださったのでしょう。

辛い出来事もふくめ、毎日を充実した一日に変えていけば、あちらに帰ったとき、「五百年も生きましたね」と、誉めてもらえるかもしれません。

この世での人生が、他の命に支えられていることも忘れてはいけません。一か月後に、いえ一年後に私たちが食するかもしれない魚が、豚が、牛が、野菜が、果物が、米が、自分の命を与えるために、今どこかで生きています。多くの命があなた様の血になり、肉になっているのです。

今、生きていることに感謝。

それが、地球に生まれた私たち人間の原点です。

あの世へ帰るその日まで、
この世で命を支えられ。
「ありがたい」を忘れずに。

私たちは、地球家族に助けられて
「今」を生きています。
今を大切に日々を歩むことが、生きた証となります。

松原照子

まつばら・てるこ

1946年10月15日、兵庫県神戸市生まれ。
株式会社SYO代表取締役。
各種講演、財界人へのアドバイスなども行うライフアドバイザー。
自身のブログ「幸福への近道」で、
東日本大震災の被災エリアを指摘したことが話題になる。
「幸福への近道」会員向けの個別相談は、数か月待ちの人気となっている。
『聞いてビックリ「あの世」の仕組み』（東邦出版）、
『あの世から神様を引き寄せるパワースポット』（宝島社）、
『松原照子の大世見』（学研プラス）など著書多数。
累計発行部数は25万部を超える。

「日記」と「世見」を毎日更新中
幸福への近道　terukomatsubara.jp

不思議な世界の方々が気づかせてくれた
「わかってほしい」をやめる教科書

2018年7月10日　第1刷発行

著　者　松原照子
発行人　見城 徹
編集人　福島広司

GENTOSHA

発行所　株式会社 幻冬舎
〒151-0051　東京都渋谷区千駄ヶ谷4-9-7
電話　03(5411)6211(編集)
　　　03(5411)6222(営業)
振替　00120-8-767643
印刷・製本所　図書印刷株式会社

検印廃止

Printed in Japan
ISBN978-4-344-03319-1　C0095
幻冬舎ホームページアドレス　http://www.gentosha.co.jp/

この本に関するご意見・ご感想をメールでお寄せいただく場合は、
comment@gentosha.co.jpまで。